Mosaik

bei GOLDMANN

Buch

Jeder Mensch hat seine Taktiken, um ungeliebte Tätigkeiten aufzuschieben. Das aber rächt sich meist irgendwann: Jemand ist verärgert, man verpasst irgendeinen wichtigen Termin, im Beruf oder im Privatleben bricht das Chaos aus usw … Schonungslos und amüsant entlarvt Rita Emmett in ihrem Buch die verschiedenen Typen von Zauderern und ihre beliebtesten Ausreden. Sie zeigt, wie man ganz einfach den inneren Schweinehund überwindet und die Dinge sofort anpackt. Mit dem richtigen Zeitmanagement, einer großen Portion Motivation und der Aussicht auf kleine Belohnungen hat man die unangenehmen Pflichten im Nu erledigt und geht geordneten und entspannten Verhältnissen entgegen.

Autorin

Rita Emmett hat in den vergangenen zwanzig Jahren in ihren Seminaren, u. a. für große Firmen, Tausenden Betroffenen geholfen, ihr Leben beherzt anzugehen und nichts mehr aufzuschieben. Die in den USA sehr erfolgreiche und beliebte Trainerin lebt in Des Plaines, Illinois.

Website: www.ritaemmett.com
E-Mail: remmett412@aol.com

RITA EMMETT

Was du heute kannst besorgen...

Das Handbuch für Leute, die gerne alles verschieben

Aus dem Amerikanischen
von Gabriele Zelisko

Mosaik
bei GOLDMANN

Umwelthinweis:
Alle bedruckten Materialien dieses Taschenbuches
sind chlorfrei und umweltschonend.

Deutsche Erstausgabe November 2001

Originaltitel: The Procrastinator's Handbook
Originalverlag: Walker Publishing Company, Inc.
Dieses Werk wurde vermittelt durch die
Literarische Agentur Thomas Schlück GmbH, 30827 Garbsen
Umschlaggestaltung: Design Team München
unter Verwendung folgender Fotos: Zefa / SIS
Redaktion: Petra Preis
Satz: Buch-Werkstatt GmbH, Bad Aibling
Druck: GGP Media, Pößneck
Verlagsnummer: 16370
kö · Herstellung: Max Widmaier
Made in Germany
ISBN 3-442-16370-6
www.goldmann-verlag.de
1 3 5 7 9 10 8 6 4 2

WIDMUNG

Meinem Mann, besten Freund und liebsten Reisebegleiter, Bruce Karder, und den freudestrahlenden Momenten in unser beider Leben, unserer auf fünf Kinder und vier Schwiegertöchter und -söhne angewachsenen Familie, die uns auf so vielerlei Art so viel Freude macht, unter anderem auch mit sieben umwerfenden Enkelkindern (die genauso gescheit, talentiert, prächtig und so weiter sind, aber ich will hier nicht angeben). Danke, Gott.

Inhalt

Einführung

Zögern Sie es hinaus, Dinge zu tun, die für Sie wirklich wichtig sind? Sind Sie manchmal unruhig oder haben Sie Schuldgefühle, weil Sie sich einfach nicht aufraffen können, etwas zu tun, was Sie tun müssten oder tun möchten? Treibt das ewige Aufschieben Ihre Familie, Freunde und/oder Kollegen in den Wahnsinn?

Wenn Sie Erledigungen immer wieder verschieben, kann das einen erstaunlich hohen Tribut von Ihrem Leben fordern, es kann Stress und Krankheiten nach sich ziehen und an Ihrem Selbstwertgefühl kratzen. Es kann Sie daran hindern, Ihre Ziele zu erreichen und Ihre Träume zu verwirklichen. Falls Sie zu denen gehören, die erst einmal abwarten, ehe sie etwas in Angriff nehmen, dann werden Sie sicher eine oder mehrere der folgende Fragen mit »ja« beantworten:

- Zahlen Sie Gebühren für geplatzte Schecks und Mahnungen oder hohe Zinsen für überzogene Kreditrahmen, weil Sie sich nicht regelmäßig um Ihre privaten Geldangelegenheiten kümmern? Und müssen Sie, um Ihren Verpflichtungen nachzukommen, ständig so viel Geld zusätzlich bezahlen, dass Sie nie ins Plus kommen?
- Haben Sie eigentlich vor, mit einem bestimmten Sport zu beginnen, etwas anderes für Ihre Gesundheit zu tun oder einen Termin beim Arzt oder Zahnarzt zu vereinbaren, machen es aber nie?
- Und verlieren Sie regelmäßig den Kampf gegen das Chaos auf

Ihrem Schreibtisch, auf dem Esstisch, auf Kommoden, im Schrank oder auf dem Fußboden? Führt das Chaos um Sie herum dazu, dass sich auch in Ihrem Kopf Chaos breit macht und Sie das Gefühl haben, es wird Ihnen alles zu viel, Sie haben keine Kontrolle mehr über die Situation und Ihre Energie hat Sie verlassen?

Aber ich kann Ihnen sagen, es gibt noch Hoffnung. In diesem Buch über das frustrierende, faszinierende und – ja, Sie lesen richtig! – witzige Thema des ewigen Aufschiebens werde ich Ihnen zeigen, wie Sie die Gewohnheit ablegen, Dinge immer wieder hinauszuzögern, wie Sie produktiver werden und Prioritäten setzen, die Ihren persönlichen Zielen und Werten entsprechen.

Ich halte in ganz Amerika Vorträge, in denen ich Regeln und Strategien vorstelle, mit denen man das Aufschieben überwinden kann. Als ich vor Jahren Zeitmanagement-Seminare abhielt, hörte ich eine Reihe von Leuten sagen, sie würden an solchen Seminaren nicht teilnehmen, »weil dieser Kram bei mir sowieso nicht hilft«. Wenn ich mich eingehender mit diesen Leuten unterhielt, fand ich heraus, dass sie alle einen Typus von Zauderern verkörperten, auf dessen spezielle Nöte die üblichen Bücher oder Seminare über Zeitmanagement nicht eingingen.

Die Leute, die vom Zeitmanagement profitieren, sind wie eine Gruppe, die beschlossen hat, eine Fahrradreise zu unternehmen: Das Ziel ist bekannt, die Räder sind bereit, und die Regeln des Zeitmanagements sind für sie wie eine Karte oder die Himmelsrichtungen, die sie für ihr Abenteuer einschlagen müssen.

Daneben ist die Gruppe derer unterwegs, die immer alles hinausschiebt. Sie haben sich noch nicht richtig entschlossen, wohin sie eigentlich wollen. Sie haben die Fahrräder vergessen, die ohnehin nicht fahrtüchtig sind, weil keiner es geschafft hat, die platten Reifen zu flicken. Karten und Himmelsrichtungen (die Regeln des Zeitmanagements) nutzen dieser Gruppe wenig. Sie brauchen etwas anderes, und genau für sie habe ich meine Seminare entwickelt und dieses Buch geschrieben.

Leute, die neu in eines meiner Seminare kommen, fragen oft als Erstes: »Kann ein Mensch wirklich davon wegkommen, alles hinauszuschieben?« »Wie kann jemand erwarten, er sei in der Lage, seine Persönlichkeit oder seinen Charakter grundlegend zu verändern?«

Das Hinausschieben ist kein fester Bestandteil einer Persönlichkeit oder ein grundlegender Charakterzug, es ist schlicht und einfach eine Gewohnheit, eine Einstellung. Kann ein Mensch seine Gewohnheiten ändern? Natürlich kann er das! Millionen von Menschen haben aufgehört zu rauchen, obwohl diese Gewohnheit extrem schwer abzulegen ist. Kann ein Mensch seine Einstellung ändern? Gewiss! Sie kennen vielleicht auch jemanden, der einmal dachte, ein Videorecorder oder E-Mails seien völlig überflüssig, und sich jetzt, ein paar Jahre später, gar nicht mehr vorstellen kann, wie er ohne diese Dinge einmal ausgekommen ist?

Vom Hinausschieben spreche ich aus eigener Erfahrung, denn ich habe früher praktisch alles hinausgeschoben. Das ist genau das Buch, das ich mir gewünscht hätte, als ich mich mühte, gegen meine eigene Verzögerungstaktik anzukämpfen und als ich meine ersten Seminare entwickelte. Das einzige Buch, das es damals zu diesem Thema gab, war für Psychologen geschrieben und entsprechend trocken.

Solange ich zurückdenken kann, verfolgte ich jede nur denkbare Taktik, wie man etwas aufschieben und sich ein schlechtes Gewissen machen kann. Als ich vor vielen Jahren auf dem College war, heiratete ich, fing an zu arbeiten und besuchte das College weiterhin auf Teilzeitbasis. Doch nach der Geburt unseres Sohnes Robby entschloss ich mich, meine Ausbildung und meinen Beruf aufzugeben und als Hausfrau und Mutter zu Hause zu bleiben. Da mir zum Examen nur noch ein Semester fehlte, war ich mir ziemlich sicher, das Studium relativ schnell abschließen zu können, wenn Robby etwas älter war. Doch so gut im Aufschieben, wie ich war, belegte ich in den ganzen sieben Jahren, die ich zu Hause war, um mich um Robb und seine kleine Schwester Kerry zu kümmern, nicht einen einzigen Kurs.

Dann bekam ich eine Stelle, für die ein College-Abschluss vorausgesetzt wurde. Der Einschreibetermin für mein letztes Semester rückte näher und näher und war schließlich verstrichen. Ich tat nichts, außer mich in Schuldgefühlen zu winden und meinem Chef gegenüber Ausflüchte zu suchen.

Alle möglichen Leute boten mir ihren Rat an. Ich hörte zu. Und machte noch immer nichts.

In dieser Phase meines Lebens las ich ein Buch über Zeitmanagement, in dem es hieß, wenn wir dauernd etwas hinausschieben, kämen dafür nur zwei Gründe in Frage: Wir sind überfordert oder das Vorhaben ist unangenehm. Aber ich betrachtete ein Semester nicht als Überforderung, und das College fand ich nicht unangenehm. Aus meiner eigenen Erfahrung wusste ich, dass es viele andere Ursachen haben kann, wenn wir etwas hinausschieben, beispielsweise Angst.

Ich hatte Angst, wieder zur Schule zu gehen. Und als ich begann, meiner Angst auf den Grund zu gehen, fand ich heraus, dass es viele Dinge waren, die mich befangen machten: zu versagen, nicht akzeptiert zu werden, eine komische Figur abzugeben, mit Neunzehnjährigen auf der Schulbank zu sitzen, herauszufinden, dass nur noch Stroh in meinem Hirn und ich nun blöd war, meinen Kindern eine Sechs in einem Fach eingestehen und Zeit für die Hausaufgaben herausschinden zu müssen, die Kinder wegen meiner Kurse und der Hausaufgaben zu vernachlässigen und eine schlechte Mutter zu sein.

Diese Ängste waren eine immense, unbekannte Macht und

lähmten mich, bis ich sie der Reihe nach identifizierte. Dann war ich in der Lage, sie abzugrenzen, über sie zu sprechen, mich ihnen zu stellen, gegen sie anzukämpfen, ihnen Antworten entgegenzusetzen und mich in meinem Leben wieder von der Stelle zu bewegen. Ich ging dazu über, all die Techniken anzuwenden, die Sie in diesem Buch kennen lernen werden (darunter ein ganzes Kapitel über Angst).

Ob es funktioniert hat? Darauf können Sie wetten! Ungefähr ein Jahr später schritt ich mit meinen Klassenkameraden stolz auf die Bühne, um mein Examenszeugnis in Empfang zu nehmen. Fünf Jahre danach machte ich neben Haushalt und Familie und meiner Arbeit auch noch den Magisterabschluss. Haben Sie erst einmal angefangen, nichts mehr hinauszuschieben, gibt es keine Grenzen mehr.

Nun bin ich quasi ehemalige Expertin im Hinausschieben, und das seit Jahrzehnten. Als ich anfing, nach den Regeln in diesem Buch vorzugehen, erwartete ich lediglich, dass ich nun bestimmte Aufgaben, Besorgungen, Hausarbeiten und vielleicht ein paar Vorsätze nicht mehr auf die lange Bank schieben würde. Doch als ich meine alten Gewohnheiten allmählich hinter mir ließ, veränderte ich im Lauf der Jahre immer mehr grundsätzliche Dinge. Und irgendwann hatte mein ganzes Leben eine Kehrtwende vollzogen.

Das können Sie auch.

In diesem Buch erfahren Sie, wie Sie

- bestimmte unproduktive Denkmuster durchschauen und ändern,
- erkennen, welche Spiele Sie spielen und welche Verhaltensmuster Sie einsetzen, um etwas hinauszuschieben,
- bewährte Gegenmaßnahmen ergreifen,
- Strategien entwickeln, die Sie weiterbringen, wenn Sie auf der Stelle treten oder in Ihre alten Gewohnheiten zurückverfallen,

- Ihren ganz persönlichen Aktionsplan ausarbeiten.
- In den Erfahrungsberichten von Menschen, die ihre Aufschiebetendenzen hinter sich gelassen haben, werden Sie sich oft selbst wieder erkennen. In jedem Kapitel sind auch Zitate zur Anregung und Motivation enthalten. Scheint ein bestimmter Spruch wie für Sie gemacht, kopieren Sie ihn und hängen Sie ihn irgendwo auf, wo Sie ihn oft sehen.

Mit den FLEISSAUFGABEN am Ende jedes Kapitels können Sie die gelesenen Informationen individualisieren, indem Sie die Regeln aus dem Buch auf Ihr eigenes Leben übertragen. Wenn Sie gerne Fragen beantworten und Ihren Fortschritt messen wollen, ist das der richtige Abschnitt für Sie. Wenn Sie diese Übungen nicht so gerne machen, lassen Sie sie weg, aber sehen Sie sich jede Übung zumindest an. Vielleicht finden Sie ja doch Interesse oder sogar Spaß daran.

Ob Sie nun dauernd, meistens oder nur gelegentlich etwas hinausschieben, Sie sollten dieses Buch lesen, der Zeitpunkt ist richtig. Sie sind im Begriff, sich aus der Aufschiebefalle zu befreien. Packen wir es an!

TEIL I

Worum es beim Aufschieben überhaupt geht

1

Nehmen Sie das Schreckliche in Angriff!

Emmett-Regel: Die Angst vor einer Aufgabe nimmt mehr Zeit und Energie in Anspruch als die Aufgabe selbst.

Wie viel Zeit, Energie und Emotionen haben Sie schon verschwendet, weil Sie sich wegen nicht erledigter Aufgaben ewig gewunden und Schuldgefühle auf sich geladen haben und dann entdecken mussten, dass die Arbeit, sobald sie erst einmal begonnen war, nur kurze Zeit in Anspruch nahm?

In einem meiner Seminare erzählte ein Teilnehmer namens David, dem als Verkaufsleiter 85 Verkaufsrepräsentanten unterstellt waren, folgende Geschichte: Er hatte für viel Geld gerahmte Drucke mit Motivationssprüchen angeschafft, die er in der Verkaufsabteilung der neuen Firmenzentrale aufhängen wollte. Fünf Monate nach dem Umzug waren die Wände in Davids Abteilung immer noch leer, die gerahmten Drucke standen in Schränken, und David schob es immer wieder hinaus, sie aufzuhängen, weil er nie einen ganzen Tag Zeit fand, um sich ausschließlich dieser Aufgabe zu widmen.

Er wollte die Arbeit nicht dem Hausmeister oder jemand anderem übertragen, weil er davon überzeugt war, die Drucke würden dann nicht an der richtigen Stelle hängen, und ein Umhängen hätte unnötige Löcher in der Wand verursacht. Als er schließlich die Kommentare und Beschwerden wegen der leeren Wände nicht mehr hören konnte, beschloss David, sich jeden Tag nach der Mittagspause etwas Zeit zu nehmen, um die Drucke aufzuhängen. Als er fertig war, sah seine ganze Abteilung viel besser aus, alle waren von den ästhetisch ansprechenden und aussagekräftigen Drucken begeistert. Und David war von der Feststellung schockiert, dass die ganze Arbeit, die er fast ein halbes Jahr vor sich her geschoben hatte, im Grunde unglaublich einfach und in nur 47 Minuten erledigt war.

Die ängstlichen Aufschieber haben oft keine realistische Vorstellung, wie lange es tatsächlich dauert, eine gefürchtete Aufgabe zu erledigen. Leben Sie im Chaos, weil Sie eine Arbeit, die genau 13 Minuten in Anspruch nehmen würde, immer wieder vertagen? Es mag gut sein, dass Ihr Leben extrem ausgefüllt ist, aber haben Sie schon bemerkt, dass es keine zwei Minuten dauert, die Kleider gleich auf einen Bügel zu hängen oder in den Wäschesammler zu werfen?

Wühlen Sie sich permanent durch Papierstapel auf Ihrem Schreibtisch? Vermutlich verbringen Sie mehr Zeit damit, täglich umzustapeln, als wenn Sie die Seiten einmal sortieren, ablegen, bearbeiten, wegwerfen oder zum Recycling geben würden.

Vielleicht schieben Sie gerne auf, weil Sie keine Lust haben, ein ganzes Wochenende lang den Keller oder die Garage zu putzen oder einen ganzen Nachmittag lang dieses Verkaufsanschreiben zu entwerfen. Sie kriegen die Kurve nicht, weil Sie glauben, niemals genug Zeit am Stück dafür zu haben. Der erste Schritt ist, sich klarzumachen, dass die Arbeit wahrscheinlich gar nicht das ganze Wochenende oder den ganzen Nachmittag oder wie viel Zeit auch immer Sie zu brauchen glauben, in Anspruch nehmen wird.

Zum nächsten Schritt gehört ein ganz normaler Kurzzeitwecker, wie man ihn oft beim Kochen verwendet. Vielleicht können Sie für eine bestimmte Arbeit nicht ein ganzes Wochenende reservieren, aber eine Stunde müsste möglich sein. (Die ganz großen Aufschieber schaffen es natürlich auch, so viele »Pausen« einzulegen, dass ein einstündiges Projekt nach drei Monaten noch immer nicht zu Ende gebracht ist.) Stellen Sie den Wecker auf 60 Minuten ein, und widmen Sie sich der Aufgabe in dieser Zeit *ohne Unterbrechungen*. Ohne Kaffeepause. Ohne Telefonate. Wenn Sie keinen Anrufbeantworter haben und das Telefon abnehmen müssen, machen Sie es kurz, und sagen Sie dem Anrufer, Sie könnten jetzt nicht länger sprechen, würden aber später zurückrufen.

Einer der folgenden drei Fälle wird dann eintreten:

1. Sie erledigen die Arbeit und wundern sich, wie schnell es ging. Merken Sie sich, wenn in Zukunft eine ähnliche Arbeit ansteht, dass Sie »nur 32 Minuten gebraucht haben« oder wie lange es auch immer war.
2. Sie stellen fest, dass das Projekt doch aufwändiger ist und Sie erheblich länger brauchen als ursprünglich gedacht, aber immerhin haben Sie einen ersten Teil bewältigt. Legen Sie fest, wann Sie wieder eine Stunde für diese Arbeit abzweigen. Stellen Sie sich nun einmal täglich den Wecker dafür? Oder einmal in der Woche? Oder nehmen Sie sich willkürlich Zeit? Auf alle Fälle haben Sie nun einen Plan und den ersten Abschnitt bereits erledigt. Für heute ist es genug, und die Aufgabe macht Ihnen keine Angst mehr.
3. Sie sind nach einer Stunde noch nicht fertig, sehen aber bereits das Licht am Ende des Tunnels. Dieser Fall ist der wahrscheinlichste. Einmal in Fahrt gekommen, wollen Sie so schnell nicht wieder aufhören. Vermutlich macht es Ihnen dann sogar Spaß,

mit Nachdruck weiterzumachen und das Projekt abzuschließen.

Unabhängig davon, wie viel Sie in einer Stunde erledigen, Sie werden eine der wichtigsten Lektionen zur Überwindung des ewigen Aufschiebens lernen: Was Sie am meisten fürchten, ist nicht, wie viel Zeit und Energie Sie für die ganze Aufgabe einsetzen müssen, sondern erst einmal in die Gänge zu kommen.

Diese verhassten Arbeiten

Einer der häufigsten Gründe für notorisches Aufschieben wird meist völlig außer Acht gelassen – die Arbeit wird immer wieder vertagt, weil sie unangenehm ist. Ein Beispiel: Terry findet nie die Zeit, die fälligen Wartungsarbeiten an seinem Auto zu erledigen, weil es ihn nervt. Deb schiebt ihr Fitnesstraining ständig auf, weil sie es langweilig findet. Thomas zögert es hinaus, eine Klientin über eine Steuernachzahlung zu informieren, weil er es hasst, schlechte Nachrichten weiterzugeben.

Arbeiten aufzuschieben, die wir nicht gerne erledigen, ist nur allzu menschlich, und fast jeder kann ein Lied davon singen. Aber das Leben scheint voller ungeliebter, langweiliger, nervender Aufgaben zu sein, die irgendwann einmal erledigt werden müssen, weil sonst Probleme oder Stress vorprogrammiert sind. Diese Probleme wirken sich manches Mal nur kurzzeitig aus, können in bestimmten Fällen aber auch langfristige Konsequenzen nach sich ziehen.

Beispiele für ein kurzzeitiges Problem: Terrys Auto gibt zum denkbar unpassendsten Zeitpunkt seinen Geist auf, und Thomas' Klientin ist verstimmt, weil er sie nicht angerufen hat. Beispiele für langfristig anhaltende Probleme: Terry muss ein neues Auto kaufen, obwohl er das Geld dafür noch nicht zusammenhat, und Thomas verliert eine verärgerte Klientin (die für ihre Steuererklärung schnell jemand anderen gefunden hat) und damit eine Verdienstmöglichkeit.

Vorhaben hinauszuzögern und dadurch langfristige Probleme heraufzubeschwören ist sehr einfach und entsprechend häufig zu beobachten. Viele Menschen glauben, ihr Fitnesstraining für immer und ewig vertagen zu können, und genau das tun sie auch. Die Möglichkeit daraus resultierender gesundheitlicher Probleme ziehen sie gar nicht erst in Betracht. Doch genau diese treten dann ein. Früher oder später muss man den Preis dafür bezahlen, wenn man eine unangenehme Aufgabe nicht rechtzeitig in Angriff genommen hat.

Wie können wir also mit diesen abschreckenden, langweiligen Aufgaben umgehen, die wir so gerne vor uns herschieben? Ehe wir einen Aktionsplan aufstellen, müssen wir uns noch mit einigen Verhaltensmustern auseinandersetzen, die dem ständigen Aufschieben Vorschub leisten.

Als Erstes müssen wir uns klarmachen, dass niemand, nirgendwo auf der Welt, ein Leben in vollkommener Unbeschwertheit und ohne jegliche Unannehmlichkeit führen kann. Falls Sie auf der Suche nach dem perfekten Job oder nach dem perfekten Lebensstil sind, der es Ihnen für immer erspart, sich mit unangenehme Dingen beschäftigen zu müssen, werden Sie ihn nicht finden. Es gibt ihn nämlich nicht. Akzeptieren Sie also die Tatsache, dass Sie sich mit abschreckenden und langweiligen Aufgaben herumschlagen müssen, wenn Sie ein funktionierendes menschliches Wesen sein wollen.

An dem Tag, an dem Sie zu sich selbst sagen: »Ich hasse das, aber ich muss es tun, also tue ich es gleich, dann habe ich es hinter mir«, befreien Sie sich von Schuldgefühlen und Belastungen, die durch ein Aufschieben entstehen würden. Und wenn Sie erst einmal einen Teil der Gewissensbisse und Zwänge, die aus immer währendem Hinauszögern resultieren, abgeworfen haben, werden Sie schnell feststellen, dass Sie viel effizienter arbeiten und sich so glücklich und frei fühlen, wie Sie es nie für möglich gehalten hätten.

Wenn man einen unangenehmen Auftrag erledigt hat, bringt das außerdem oft angenehme Begleiterscheinungen mit sich oder zumindest ein Gefühl der Zufriedenheit. Man fühlt sich einfach besser, wenn die Rechnungen bezahlt sind, ein anstrengendes Telefonat geführt oder ein Projekt abgeschlossen ist. Auch wenn es Ihrem Chef nicht auffällt, dass das Angebot schon vor dem Abgabetermin fertig war, Sie selbst wissen es und können sich zufrieden im Sessel zurücklehnen.

Es ist erstaunlich, wie oft man sich im Leben ein gutes Gefühl durch eine unangenehme oder langweilige Arbeit verdienen muss. Sobald Sie Ihre Einstellung geändert haben und akzeptieren, dass diese furchtbaren Arbeiten getan werden müssen, offenbart sich Ihnen eines der Geheimnisse, mit denen man das ständige Aufschieben überwinden kann (ein Geheimnis übrigens, das die meisten von uns schon als Kinder erfahren haben): Erledigen Sie das Unangenehme immer zuerst.

Jan, auch eine meiner Seminarteilnehmerinnen, hatte eine sehr erfolgreiche Arbeitsvermittlungsagentur gegründet. Während ihres ersten Geschäftsjahres handelte sie nach meinem Rat, die »lausigen« Arbeiten als erste zu erledigen, und war überrascht, wie schnell das zur Gewohnheit wurde. (Jans meistgehasste Arbeit waren Akquisitionsanrufe ins Blaue hinein.) Oft ließ sie sich vom Papierkram und administrativen Aufgaben so vereinnahmen, dass sie bis zum Abend nicht einen einzigen potenziellen Kunden kontaktiert hatte. Gleichzeitig verfolgten sie aber Angst, Beklemmung und Schuldgefühle wegen dieser Verzögerungstaktik über die Bürostunden hinaus. Manchmal versetzte sie sich noch nachts, kurz vor dem Einschlafen, in Gedanken einen Tritt, weil sie die Leute nicht angerufen hatte.

Als ich ihr empfahl, die Telefonate morgens als Erstes hinter sich zu bringen, sträubte sie sich zunächst, war aber schließlich einverstanden, es die nächsten drei Wochen lang auf diese Art zu versuchen. Sie nahm sich jeden Morgen einige Stunden Zeit (im Kalender reserviert) für unangemeldete Akquisitionsgespräche, verteilte überall auf ihrem Schreibtisch Erinnerungszettel und hielt sich an den Vorsatz. Nach Ablauf der dreiwöchigen »Versuchsphase« war es bereits Gewohnheit geworden, die gefürchtete Arbeit gleich zu Tagesbeginn aus dem Weg zu schaufeln. Inzwischen ist es tägliche Routine. Sie muss sich nun nicht mehr mit gesenktem Kopf den ganzen Tag damit herumplagen und Beklemmung und Schuldgefühle empfinden, und realisiert ihre Vorgaben mit deutlich größerem Erfolg. Sie erreicht mit schöner Regelmäßigkeit ihre Umsatzziele, und ihre Agentur ist inzwischen eine der erfolgreichsten und renommiertesten in der Stadt.

Anfangs kostet es enorme Anstrengung, sich selbst zu zwingen, Unangenehmes zuerst zu erledigen. Aber innerhalb kürzester Zeit kann es zur Gewohnheit werden. Und es macht das Leben leichter. Da Verzögerungstaktiken in erster Linie ein Spiel sind, ein Spiel des Verstandes nämlich, können Sie Ihren Verstand einsetzen, um die Spielregeln zu ändern. Anstatt darüber nachzudenken, wie Sie sich fühlen könnten, während Sie die Arbeit ausführen, stellen Sie sich besser vor, wie Sie sich fühlen werden, wenn die Arbeit getan ist. Denken Sie an die Belohnung. Malen Sie sich die Erleichterung und das Erfolgserlebnis nach getaner Arbeit aus.

Reden Sie sich nicht selbst ein: »Warum gerade ich, ich hasse diese Arbeit.« Sagen Sie sich besser vor: »Wenn das getan ist, geht es mir prächtig.« Lassen Sie Ihre Phantasie Achterbahn fahren. Stellen Sie sich vor, wie Sie Freunden von Ihrem Erfolgserlebnis berichten. Lassen Sie vor Ihrem geistigen Auge Zeitungsschlagzeilen erstehen, die jeden einzelnen Ihrer Schritt lauthals anpreisen. Spannen Sie Ihren Verstand und Ihre Vorstellungskraft ein, um die Regeln des Aufschiebespiels zu ändern.

So kann man langweilige Arbeiten angenehmer gestalten

Schieben Sie eine bestimmte Aufgabe ewig hinaus, weil sie langweilig ist? Was können Sie tun, damit sie nicht ganz so langweilig ist? Probieren Sie mal aus, dabei Musik oder eine Radiosendung laufen zu lassen. Mickey, von Beruf Buchhalterin, hört Radio, wenn sie Akten sortiert und ablegt und ihre E-Mails abruft. Traci berichtet, ihre Kinder würden immer ihre Lieblingsmusik einlegen, wenn sie die Garage aufräumen und im Garten oder am Haus bei der Arbeit helfen. Früher regte sie sich immer darüber auf und wollte, dass sie die Musik leiser machen, doch inzwischen muss sie zugeben, dass die Arbeit mit Musik flotter von der Hand geht (selbst mit der Musik der Kinder).

Entschärfen Sie das Kontrollieren der Kontoauszüge, die Erledigung der Korrespondenz oder das Aussortieren alter Akten, indem Sie diese Arbeiten während der Werbeeinspielungen beim Fernsehen erledigen. Telefonieren Sie mit Freunden, während Sie das Geschirr spülen, Wäsche falten, die Küche putzen oder sich anderen routinemäßigen Haushaltsarbeiten widmen.

Überlegen Sie, ob Sie sich für langweilige Arbeiten nicht mit einem Familienmitglied, einem Freund oder einer Freundin zusammentun können. Die Zeit vergeht wie im Fluge, wenn man bei einer Arbeit Gesellschaft hat.

Ich habe zwei junge Hausfrauen in der Nachbarschaft, die sich zum Marmelade einkochen und Einwecken der Gartenernte abwechselnd bei einer der beiden in der Küche treffen. Inzwischen haben sie auch angefangen, selbst zu nähen, und machen die Schnitte für ihre Modelle gemeinsam. Für sie ist es etwas Abwechslung, sich gegenseitig zu besuchen, die Kinder spielen miteinander, und am Ende des Tages haben sie eine Menge Arbeit geschafft. Mit vereinter Anstrengung schaffen sie es auch, sich an alte Haushaltsmethoden zu erinnern.

Noch ein Beispiel: Die Leiterin der Public-Relations-Abteilung einer schnell expandierenden Redneragentur hasste es, Promotionmappen zusammenzustellen, weil sie es so langweilig fand. Nun stellen sie und der Redakteur gemeinsam das Werbematerial zusammen, falten und kuvertieren es und überlegen sich dabei neue Ideen für ihre PR-Kampagnen.

Welchen Teil der Aufgabe hassen Sie?

Es kann sein, dass Sie eine Arbeit aufschieben, nicht weil Sie sie rundherum schrecklich finden, sondern weil Ihnen ein ganz bestimmter Teil daran verhasst ist. Ist das der Fall, nehmen Sie sich diesen Teil als Erstes vor. Wenn Sie sich zum Beispiel vom Verfassen des Berichts über die letzte Vorstandssitzung abschrecken lassen, weil das Auseinanderpflücken der Statistiken Sie den letzten Nerv kostet, suchen Sie sich einfach einen praktikableren Weg, wie Sie die nötigen Zahlen zusammenstellen können, anstatt sich immer wieder davon abhalten zu lassen, den Bericht als Ganzes zu vertagen.

Wenn Sie mit den Rückrufen, die Sie zu machen haben, nicht zu Rande kommen, gehen Sie in einen Laden für Bürobedarf und lassen Sie sich beraten, ob es ein Produkt oder System gibt, mit dem Sie das Problem lösen könnten. Wenn Ihr Arbeitgeber nicht bereit ist, das Nötige anzuschaffen, kaufen Sie es selbst. Sie verdienen es. Diese Investition wird Ihnen auf lange Sicht unnötigen Zeitaufwand, Frustration und Erschwernisse ersparen und Ihrem

Arbeitgeber beweisen, dass Sie problemlösend denken und die Initiative ergreifen.

Susan arbeitete an einer Volkshochschule und führte ihre Aufgaben im Großen und Ganzen sehr effizient aus, mit Ausnahme der Öffentlichkeitsarbeit für besondere Veranstaltungen. Sie sparte sich alles bis auf die letzte Minute, was zur Folge hatte, dass die Öffentlichkeit nicht rechtzeitig auf die Veranstaltung aufmerksam wurde und der Besuch entsprechend dürftig war. Als Susan das Problem für sich analysierte, wurde ihr klar, dass sie die arrogante Art eines Mitarbeiters in der Grafikabteilung nicht ausstehen konnte. Es war ihr peinlich, zugeben zu müssen, dass sie das ganze Projekt hinausschob, nur weil es ihr davor graute, ab und zu mit diesem Mann kooperieren zu müssen. Sie überlegte, eine Mitarbeiterin in der Verwaltung zu bitten, die Telefonate und das Abholen der Unterlagen für sie zu übernehmen, um nur nicht mit diesem unausstehlichen Kerl sprechen zu müssen, ließ die Idee aber doch wieder fallen. Als ihr das Problem bewusst war, entschloss sie sich, die Sache selbst in die Hand zu nehmen. Sie wollte sich gleich zu Beginn des Tages um die Grafiken kümmern (um es hinter sich zu haben), und falls es ihr zwischendurch mit dem Grafiker doch zu anstrengend würde, könnte sie ja mal eine Kollegin um Hilfe bitten. Je länger Susan darüber nachdachte, umso mehr wurde ihr klar, dass ihr die Öffentlichkeitsarbeit eigentlich richtig Spaß machte. Heute wundert sie sich darüber, dass sie die Aufgabe nur wegen dieses einen kleinen Teilbereichs immer vor sich hergeschoben hatte.

Der Trick dabei ist, herauszufinden, welcher Teil der Aufgabe Ihnen wirklich verhasst ist, und genau diesen Part durch kreative Problemlösung etwas weniger abschreckend zu gestalten.

Wo liegen Ihre Krisenherde?

Manche Menschen schieben so gut wie alles hinaus, aber bei vielen handelt es sich nur um ganz bestimmte »Krisenherde« in ihrem Leben. Ja, schon allein der *Gedanke* an diese Problembereiche ruft bei manchen Menschen Beklemmungen hervor.

Schreiben Sie, um die Krisenherde ausfindig zu machen, die Aufgaben und Arbeiten, die Ihnen Angst machen, auf ein Blatt Papier. Die Krisenherde können saisonale Angelegenheiten sein, wie zum Beispiel das Abhängen der Weihnachtsdekoration, die Inventur, der Frühjahrsputz, die Jahresabrechnung, oder sie gehören zum täglichen Leben.

Helen, Außendienstmitarbeiterin in einem Unternehmen und von ihren Verzögerungstaktiken inzwischen geheilt, leistete im Beruf hervorragende Arbeit, aber bei ihr zu Hause (und in vielen Bereichen ihres Privatlebens) herrschte das totale Chaos. Unter den vielen Krisenherden daheim war der schlimmste wohl das Versenden der Post. Sie schüttete ihr Herz in einem Brief an eine

Freundin aus und fühlte sich danach hervorragend. Drei Wochen später lag der Brief noch immer irgendwo im Haus herum, weil sie die Adresse nicht fand oder Umschläge und Briefmarken verlegt hatte.

Schließlich fand sie aber eine Lösung für diesen Krisenherd. Jeder Artikel über Zeitmanagement und »Selbstorganisation«, den sie las, bestätigte die Notwendigkeit eines Arbeitsplatzes. Sie hatte keinen Schreibtisch, ganz zu schweigen von einem Büro, und dachte immer, sie bräuchte so etwas auch gar nicht. Aber als sie sich mit ihrem kritischen Bereich auseinander setzte, stellte sie fest, dass alles, was mit dem Versenden von Post zu tun hatte, sie in Hektik und Frustration versetzte. Bis dahin hatte Helen immer gedacht, ihre Abneigung gegen das Bezahlen von Rechnungen komme daher, dass sie dabei Geld abgeben muss, aber nun wurde ihr klar, dass der Aufwand, das Scheckbuch, die Rechnungen, einen Stift und Briefmarken zu suchen, der wahre Feind war. Also beschloss sie, in einen Schreibtisch zu investieren.

DER ERSTE-HILFE-TIPP

Schaffen Sie sich an, was Sie zur Bewältigung Ihrer Krisenherde brauchen. Manchmal liegt das Glück in einer zweiten Schere oder einer zusätzlichen Rolle Klebeband.

»Unglaublich, was dieser Schreibtisch verändert hat!«, berichtete sie. »Er ist jetzt die Kommandozentrale in unserem Haus. Im Schreibtisch sind große und kleine Umschläge, Briefpapier, Adressen, Füller, Bleistifte, ein Spitzer, Briefmarken, eine Schere, Klebeband, so vieles, was das Leben leichter macht.«

Da der neue Schreibtisch ihr Leben so veränderte, machte sie gleich den nächsten Vorstoß und schaffte einen kleinen Ablageschrank mit zwei Schubläden an. All die losen Blätter, die bisher in Stapeln über das ganze Haus verteilt waren, wurden nun ordentlich abgelegt. Helen erzählt, dass sich ihr Krisenherd nun einfach aufgelöst hat und das Absenden von Briefen oder Schecks kein Ärgernis mehr für sie ist, das sie ewig vor sich herschiebt.

In einem meiner Seminare schilderte Larry, er sei als Herausgeber einer Zeitschrift im Grunde gut organisiert und effizient, doch ein Problem stelle für ihn das rechtzeitige Verschicken von Geburtstagsgrüßen und Geschenken für Angehörige und Freunde dar. Er könne sich einfach nicht aufraffen, die Geschenke und Karten zu kaufen, und wenn er es irgendwann dann doch schafft, verschwinden sie irgendwo im Haus und erreichen nie den Empfänger, für den sie eigentlich vorgesehen waren. Acht weitere Teilnehmer bekannten, im gleichen Boot zu sitzen, und waren erstaunt, dass sie mit diesem Problem nicht alleine dastanden.

Sobald sie sich darüber unterhielten, schien die Lösung einfach: einen Platz für Geschenke festlegen (zum Beispiel ein Schrank oder, wenn kleine Kinder im Haus sind, ein Bücherregal, das oberhalb deren Reichweite angebracht ist) und einen für die Karten (vielleicht eine Schublade oder einen Schuhkarton). Auf diese Weise vermeidet man, die Karten und Geschenke über das ganze Haus zu verstreuen und zu vergessen. Wenn ein Geburtstag naht, weiß man genau, wo die Karten und wo die Geschenke liegen, und der kritische Bereich ist auf einmal gut organisiert.

Als mein Nachbar Leon beschloss, seinen persönlichen Krisenherd zu definieren, kam er zu dem Ergebnis, dass er immer die Reparaturen rund um das Haus vor sich herschob. Nach intensiverem Überlegen erkannte er das eigentliche Problem: Er fand nie sein Werkzeug, wenn er es brauchte. Also nahm er sich in einem Sommer Zeit und Geld und richtete in der Garage eine Werkstatt ein. An den Wänden montierte er Aufhängeplatten für die Werkzeuge und zeichnete die Umrisse der einzelnen Teile nach, so dass alle Familienmitglieder erkennen konnten, an welche Stelle welches Werkzeug gehörte, wenn sie es in die Werkstatt zurückbrachten. Zugegeben, nicht jedes einzelne Werkzeug landet immer an dem ihm zugedachten Platz, doch wenn Leon etwas Bestimmtes braucht, findet er es in der Regel in der Werkstatt und macht um anstehende Reparaturarbeiten nun längst keinen so großen Bogen mehr wie früher.

Greg, ein anderer Seminarteilnehmer, fand eine simple Lösung für seinen kritischen Bereich in der Arbeit. Im Laufe von Diskussionen bei Geschäftsbesprechungen wird Greg immer wieder gebeten, bestimmte Projekte weiterzuverfolgen. Er verlässt das Meeting mit den besten Vorsätzen, doch weil er oft keine Aufzeichnungen macht oder, falls doch, diese in seinem Papierwust untertauchen, kommt er seinen Zusagen nie nach. Wird er bei der nächsten Besprechung nach den Ergebnissen seiner Arbeit befragt, muss er sich ständig Entschuldigungen ausdenken. Natürlich sehen ihm alle sofort an, was tatsächlich los ist, und entsprechend elend fühlt er sich auch.

Nachdem er diese peinliche Situation schon unzählige Male durchgestanden hatte, entschloss er sich zum Handeln: Er richtete für jeden Besprechungstyp einen Schnellhefter ein, legte in jeden Hefter einen Schreibblock, auf dem er die ihm zugedachten Aufgaben notieren konnte, stellte einen Zeitplan für die Bearbeitung und Überprüfung auf und machte es sich zur Gewohnheit, zu jeder Besprechung, an der er teilnahm, den Hefter mitzubringen. Die Notizen dienten ihm als Gedächtnisstütze, mit der die nachhaltige Bearbeitung der Vorgaben zu einer leichten Übung wurde.

Vielleicht liegen Ihre Krisenherde ganz woanders als in diesen Beispielen, aber Sie bekommen damit eine Vorstellung, worum es geht. Wenn Sie Ihren persönlichen Krisenherd herausgefiltert haben, sammeln Sie erst einmal Ideen, dann kommen Sie ganz von selbst auf Möglichkeiten, sich selbst zu organisieren oder sich ein System auszudenken, mit dem Sie die Fußangeln, die Sie zum ständigen Aufschieben veranlassen, beseitigen können.

Die Macht von Belohnungen

Noch ein Tipp: Setzen Sie eine Belohnung für sich aus, etwas, das Ihnen wirklich Freude macht, und motivieren Sie sich damit, die verhasste Arbeit schneller hinter sich zu bringen. Fertigen Sie eine Liste geeigneter Belohnungen an, und ordnen Sie die einzelnen Posten den Arbeiten zu, die Sie immer aufschieben. Wählen Sie kleine Belohnungen für kleine Arbeiten aus und größere Belohnungen für größere Arbeiten. Eine kleine Belohnung kann ein Snack zwischendurch oder ein Anruf bei Freunden sein. Eine große Belohnung ein Ausflug in den Zoo, eine bestimmte Anschaffung oder ein Essen in einem besonderen Restaurant.

Manchen Menschen fällt es leicht, sich nach einem abgeschlossenen Projekt selbst zu belohnen, und die Vorfreude darauf lässt ihnen die Arbeit angenehmer erscheinen. Andere haben damit ein Problem. Erst einmal kommt ihnen keine Belohnung in den Sinn, die sich als Motivation eignen würde, die ihnen Spaß machen oder ein gutes Gefühl vermitteln könnte. Oft ist diesen Menschen eine Arbeitsethik zu eigen, die das persönliche Selbstwertgefühl mit der Einstellung koppelt: »Ich bin nur etwas wert, wenn ich produktiv bin und hart arbeite.«

Falls es Ihnen schwer fällt, sich eine Belohnung auszudenken, rate ich Ihnen, klein anzufangen. Wir sprechen hier nicht von einem Urlaub auf Hawaii, sondern von einfachen, bescheidenen Belohnungen, wie »sich Zeit zum Faulenzen nehmen« oder »etwas mit der Familie oder Freunden unternehmen«.

Um sich im ständigen Aufschieben zu disziplinieren und als Variante des Belohnungssystems »verbieten« sich viele Menschen eine einfache Belohnung, bis eine Arbeit erledigt ist. Läuft im Kino ein neuer Film, den Sie unbedingt sehen wollen, oder gibt es ein Video, das Sie gerne ausleihen möchten, treiben Sie sich selbst an, etwas zu Ende zu bringen, dann können Sie sich zurücklehnen und die Belohnung genießen – ohne schlechtes Gewissen.

Kym, eine College-Studentin, saß normalerweise erst einmal drei Tage tatenlos in der Gegend herum und starrte ins Leere, ehe sie eine Seminararbeit in Angriff nahm. (Sobald sie einmal angefangen hatte, fiel es ihr jedoch überhaupt nicht schwer, die Arbeit fertig zu machen.) Nun motiviert sie sich mit Belohnungen. Sie schreibt oder liest mindestens zwanzig Minuten in absoluter Stille (was sie hasst), ehe sie ihre Lieblingsmusik anstellt.

Ein ähnliches Problem hatte Bob mit einer seiner täglichen Aufgaben in dem Beratungszentrum, in dem er arbeitete: Er musste jeden Morgen eine grafische Übersicht über Zahl und Art der Anrufe, die in der Nacht davor eingegangen waren, anfertigen und dann an den Human-Resource-Director weiterleiten. Das dauerte 20 Minuten. Nur leider war Bob allzu gut im Aufschieben und machte erst einmal eine Pause, wenn er etwas hinauszögern wollte, so dass an den meisten Tagen das Diagramm am späten Nachmittag noch immer nicht fertig war und wie ein Damoklesschwert über ihm hing. Die Arbeit immer im Kopf zu haben und sich davor zu scheuen machte Bob krank.

Als er seine Verzögerungstaktik schließlich überwand, setzte er Kaffee als schlagkräftige Waffe ein. Bob war leidenschaftlicher Kaffeetrinker, daher sah sein neuer Tagesablauf so aus:

1. Daheim, bevor er in die Arbeit ging, konnte er so viel Kaffee trinken, wie er wollte.
2. In der Arbeit gab es erst Kaffee, wenn das Schaubild fertig und an den zuständigen Vorgesetzten weitergeleitet war.

EIN PAAR BELOHNUNGEN, DIE SIE VIELLEICHT MOTIVIEREN, EINE ARBEIT ZU ERLEDIGEN:

- sich Zeit für ein Hobby nehmen
- ins Kino, Theater oder Konzert gehen
- zur Massage gehen
- einkaufen gehen
- sich am eigentlich verplanten Wochenende einen Nachmittag oder einen ganzen Tag freinehmen
- an einer Konferenz, einem Seminar oder Kurs teilnehmen
- das Büro verlassen und einen Spaziergang machen
- sich mit Freunden oder Kollegen unterhalten
- Zeit in der Natur verbringen
- sich richtig ausschlafen
- sich Zeit zum Nichtstun nehmen – ohne schlechtes Gewissen
- Zeit mit jemandem verbringen, den man gern hat
- den Lieblingssport ausüben oder irgendeiner anderen körperlichen Betätigung nachgehen
- ein spannendes Buch oder eine gute Zeitschrift lesen
- sich ein üppiges Schaumbad gönnen
- zum Angeln oder auf die Jagd gehen (allein oder mit Freunden)
- einen ganzen Abend lang nur banale Zeitschriften lesen
- Essen gehen
- etwas völlig Unnützes tun, nur weil es Ihnen Spaß macht
- tagträumen
- sich einen Tag oder ein Wochenende lang an einen angenehmen Ort zurückziehen

Schon nach einem Monat war es für Bob zur Gewohnheit geworden, das Schaubild in der ersten halben Stunde nach Arbeitsbeginn zu erledigen. War es fertig ausgedruckt, zelebrierte er es richtiggehend, sich eine schöne, heiße Tasse Kaffee zu holen. Natürlich war es nach einigen Monaten schon feste Routine für ihn, als erste Tat des Tages das Schaubild anzufertigen, und er hätte das »Belohnungsspiel« gar nicht mehr nötig gehabt. Doch er hat es bis heute, zwei Jahre später, beibehalten, mit dieser ersten, so wohltuenden Tasse Kaffee zu warten, bis das gefürchtete Schaubild erstellt ist.

Jennifer erzählte mir in einem meiner Seminare folgende Geschichte: Sie hatte sich immer ein Gästezimmer gewünscht. Doch als dieser Traum schließlich in Erfüllung ging und sie das Gästezimmer bekam, wurde es nach kürzester Zeit zur Abstellkammer für alles, was im Haus herumlag.

Wenn eines der Kinder fragte, »Mama, wo soll ich das hintun?«, antwortete Jennifer: »Nun, ich weiß nicht ... leg es erst mal ins Gästezimmer.«

Dieses Zimmer aufzuräumen war die Hausarbeit, die sie am meisten scheute. Stapelweise Zeug lag überall herum, weil sie nicht wusste, wo sie alle ihre Sachen sonst aufbewahren sollte. Sie schob das Aufräumen dieses Zimmers immer wieder hinaus, und zwar wegen des, wie sie es nannte, »Gästezimmer-Paradoxons: Wenn ich bislang nicht wusste, wo ich diese Sachen unterbringen soll, wieso soll ich es dann jetzt wissen, weil ich sie gerade aufräumen will?«

Die Lösung: Bevor sie mit dem Aufräumen anfing, überdachte sie erst einmal ihre grundsätzliche Einstellung. Für Jennifer bestand die Belohnung darin, dass sie sich jedes Mal, wenn sie daran vorbeiging, darüber freuen würde, was für ein hübsches und sauberes Gästezimmer sie hatte, anstatt sich mit Gewissensbissen zu plagen, weil es mit allem möglichen Krempel voll gestellt war.

Und als zusätzliche Belohnung müsste sie nicht mehr lange wühlen, wenn sie etwas Bestimmtes suchte.

Und zu guter Letzt setzte sie sich noch eine schöne Extra-Belohnung aus. Jennifer erzählte einer verständnisvollen Freundin, wie lange sie dieses Projekt schon aufschob und wie sehr sie die Tipps in diesem Buch (diesem Buch!) brauchte, um sich zu motivieren und endlich einmal anzufangen. Sie und die Freundin vereinbarten, sich einen Sonntagnachmittag zu reservieren und gemeinsam in ihr Lieblingsmuseum zu gehen, kamen aber feierlich überein, die Verabredung fallen zu lassen, wenn Jennifer bis dahin das Gästezimmer nicht komplett in Ordnung gebracht hatte.

Sie lieh sich einen Stapel toller Kassetten aus, die sie beim Sortieren, Stapeln, Verpacken, Aussondern, Wegwerfen und Einräumen hörte. Mit der Musik verging die Zeit im Flug. Und weil sie auch noch einen Platz für die losen Blätter eingerichtet und eine Wohltätigkeitsorganisation ausfindig gemacht hatte, die die meisten Dinge annahm, die nicht mehr gebraucht wurden, war am Ende nichts mehr übrig, wofür nicht ein geeigneter Platz existierte.

Das Vorhaben war in sehr kurzer Zeit erledigt. Jennifer freute sich über ihre Belohnung. Und das Wichtigste dabei war, sie konnte ruhigen Gewissens behaupten, ihr Gästezimmer würde nie mehr zu einer Belastung werden, weil sie eine Strategie entwickelt hatte, mit der die verhasste Arbeit kein so großes Problem mehr darstellte.

Wenn Sie erst einmal ganz bewusst ein Belohnungssystem eingeführt haben, wird es automatisch zur Gewohnheit, ein Projekt voranzutreiben, um dann die Lorbeeren in Empfang nehmen zu können. Für viele von uns ist übrige Zeit eine der besten Belohnungen. Arbeiten Sie also mit großem Einsatz an Ihrem Projekt, setzen Sie sich ein Zeitlimit, reduzieren Sie die Pausen, drängen Sie darauf, fertig zu werden. Aber gehen Sie danach nicht nahtlos zum nächsten großen Projekt oder vielen kleinen Projekten über.

Nehmen Sie sich eine Auszeit, in der Sie etwas spielen, sich entspannen, es sich gut gehen lassen.

Gönnen Sie sich *Erholung,* nehmen Sie das ganz wörtlich und *holen* Sie sich neue Energie. Tun Sie etwas für Ihre geistige Erfrischung, lassen Sie das Kind in sich heraus, regenerieren Sie sich körperlich, emotional oder spirituell. Schaffen Sie Raum für Spaß und Freude in Ihrem Leben. Was sollte Sie veranlassen, etwas zu Ende zu bringen, wenn Sie sich nach Abschluss eines Projektes auf nichts als nur noch mehr Arbeit freuen können?

Was Sie brauchen, sind Mittel und Wege, die gefürchtete Arbeit etwas weniger abschreckend erscheinen zu lassen, nicht ganz so übermächtig und vielleicht sogar ein bisschen angenehm. Und Sie müssen anfangen, was immer nötig ist, um Ihr Leben in die richtige Richtung zu lenken – die Richtung, die *Sie* selbst vorgeben.

LEBENSWEISHEITEN

Was immer du tust, lass die Fortschritte nicht unbeachtet vorüberziehen – auch wenn du selbst der Einzige bist, der davon Notiz nimmt.
Verfasser unbekannt

Gott hilf mir, mit einem Lächeln zu tun, was ich sowieso tun muss.
Hal Roach

Wir hören nicht auf zu spielen, weil wir alt werden, wir werden alt, weil wir aufhören zu spielen.
Verfasser unbekannt

Du wirst nie für etwas Zeit *finden*. Wenn du Zeit willst, musst du sie dir *nehmen*.
Charles Buxton

Was belohnt wird, wird auch getan.
Verfasser unbekannt

Wenn man auf den Tag zurückblickt und feststellt, es war ein Tag ohne ein bisschen Spaß, ein bisschen Freude oder wirkliche Befriedigung, war es ein verlorener Tag.
Dwight D. Eisenhower

Ausruhen ist nicht Faulenzen, und manchmal an einem Sommertag unter Bäumen im Gras liegen, dem Plätschern des Wassers lauschen oder zusehen, wie die Wolken vorüberziehen, ist nie und nimmer Zeitverschwendung.
Sir J. Lubbock

Bei jeder schöpferischen Tätigkeit ist das Anfangen der schwierigste Teil.
Verfasser unbekannt

FLEISSAUFGABEN

Machen Sie eine Liste kleiner und großer (realistischer) Belohnungen, mit denen Sie sich zur Erledigung einer Aufgabe oder Arbeit motivieren, die Sie ganz gerne aufschieben würden:

- Kleine Belohnungen (für die Erledigung kleiner Arbeiten)

  ____

- Große Belohnungen (für die Erledigung großer Arbeiten)

  ____

- Ganz große Belohnungen (für Taten, die Ihr Leben verändern)

  ____

Machen Sie sich nicht selbst etwas vor, indem Sie sich sagen, »es ist schon Belohnung genug, die Arbeit erledigt zu haben«. Denn warum hätten Sie sie so lange hinausgeschoben, wenn es tatsächlich so wäre?

NOCH MEHR FLEISSAUFGABEN

(Keine Sorge, sie sind einfach.)

1. Kaufen Sie einen Kurzzeitwecker.
2. Nehmen Sie sich eine Aufgabe vor, die Sie schon seit längerem aufschieben.
3. Stellen Sie den Kurzzeitwecker auf eine Stunde.
4. Arbeiten Sie an dieser Aufgabe. Ohne Pause.
5. Klopfen Sie sich selbst auf die Schulter.

2

Welche Ausrede haben Sie?

In meinen Seminaren fordere ich die Teilnehmer auf, ihre ganz persönlichen Fallgruben ausfindig zu machen und eine Hitliste der Projekte aufzustellen, die sie immer schon tun wollten, zu denen sie aber nie kommen. Diese Hitliste tragen sie entweder bei sich oder hängen sie irgendwo auf, wo sie ihnen täglich ins Auge springt. Wenn sie sich in einem meiner Beispiele wieder erkennen, können sie den entsprechenden Punkt in der Liste kennzeichnen und die Vorschläge aus dem Seminar auf dieses spezielle Aufschiebe-Problem anwenden.

Während die Kursteilnehmer diese Liste zusammenstellen (was in der Regel mehrere Tage dauert), sollen sie an ihrem Arbeitsplatz und zu Hause überall herumgehen und langsam und sorgfältig alles unter die Lupe nehmen. Sie sollen ihre Computer durchforsten, die Schränke, Kammern und andere Abstellmöglichkeiten. Auf der Liste werden alle Punkte festgehalten, die eine der folgenden Behandlungen bräuchten:

überprüfen	zurückgeben
reparieren	sauber machen
ersetzen	umräumen

wegwerfen	ändern
waschen	streichen
aussortieren	umtauschen
einwachsen/imprägnieren	wegpacken
einordnen	umfunktionieren
aktualisieren	umbauen
neu einteilen	ausrangieren
fertig machen	kaufen

Die Hitliste muss sich aber nicht auf einen Rundgang im Haus oder am Arbeitsplatz beschränken. Jeder soll seine unterschiedlichen Lebensbereiche durchforsten, dazu gehören auch der körperliche, mentale und spirituelle Bereich, Organisationen und Vereine, Freunde, Familie und Haustiere, einfach alles, worum man sich »irgendwann« einmal kümmern wollte.

Dabei handelt es sich aber um keine einmalige Angelegenheit. Die Liste verändert sich ständig. Sobald Sie sich von den anstehenden Projekten überfordert fühlen, müssen Sie eine solche Liste erstellen, denn solange alles in Ihrem Kopf kreist, können Sie nicht klar strukturiert denken, und Ihr Verstand ist in Kürze von Schuldgefühlen und Beklemmungszuständen vernebelt. Die meisten Leute berichten, schon allein das Niederschreiben bewirke, dass man eine oder mehrere Aufgaben gleich am nächsten oder übernächsten Tag erledigt.

Fadenscheinige, schönfärberische Ausreden

Während Sie Ihre Liste anfertigen, fällt Ihnen vielleicht auf, dass vor Ihrem geistigen Auge alle möglichen Ausreden auftauchen. Wir hören diese Entschuldigungen Tag für Tag. »Mein Leben wäre viel schöner, wenn ich …, aber dafür bin ich zu alt, zu sehr eingespannt, verfüge ich nicht über die erforderlichen Fähigkeiten oder die entsprechende Ausbildung, besitze ich zu wenig Willenskraft, bin ich zu ängstlich …« und so weiter und so fort.

Wann immer Sie eine Entschuldigung anführen, versuchen Sie jemanden (meistens sich selbst) davon zu überzeugen, es sei schon in Ordnung, dass Sie etwas gemacht oder nicht gemacht haben. Möglicherweise haben Sie auch schon bemerkt, dass Ausreden das Vertrauen anderer in Sie erschüttern. Aber ist Ihnen auch schon bewusst geworden, dass damit auch Ihre Selbstachtung sinkt? Denn Sie selbst hören jede, aber auch jede Entschuldigung, die Sie äußern, und, schlimmer noch, Sie glauben sie auch noch: Und jede neue Ausrede, die Sie glauben und akzeptieren, schränkt Sie selbst ein und wird zu einem Hemmschuh. Wenn Sie anfangen, sich selbst Einschränkungen aufzuerlegen oder Ausreden zu akzeptieren, legen Sie sich Hindernisse in den Weg, die es Ihnen schwer machen, sich zu einer effizienteren Persönlichkeit zu entwickeln.

Seit sie erwachsen war, hatte Jo Ann davon gesprochen, wie gerne sie aufs College gegangen wäre, aber es gab immer einen Grund (eine Entschuldigung), warum sie diesen Wunsch nicht in die Tat umsetzte: Sie konnte es sich nicht leisten, sie musste sich um ihre Familie kümmern, sie war beruflich zu sehr gefordert, sie hatte keine Zeit. Die letzte Ausrede war, nun sei sie zu alt. Als ihr Ehemann wieder einmal vorschlug, sie solle doch aufs College gehen, sagte Jo Ann zu ihm: »Wenn ich jetzt nebenher anfange, bin ich sechzig, bis ich meinen Abschluss mache.«

Daraufhin erwiderte er: »Sechzig wirst du so und so, egal ob mit oder ohne College-Abschluss.« Damit hörte sie auf, sich Ausreden zurechtzulegen, und schrieb sich am College ein. Sie hatte damit gerechnet, es würde sie ihre ganze Kraft kosten, den ganzen Tag zu arbeiten und abends und am Wochenende die Kurse zu besuchen, aber sie erzählte, sie habe noch nie in ihrem Leben so viel Energie gehabt.

Sind manche Ihrer Ausreden oder Selbstbeschränkungen so mächtig, dass sie bereits Teil Ihrer Lebensphilosophie geworden sind? Glauben Sie, oft etwas aufzuschieben, weil Ihnen das mit in die Wiege gelegt wurde? Oder weil Sie zu einfältig, zu unorganisiert, zu schwach oder zu … (setzen Sie selbst das richtige Wort ein) sind, um etwas daran zu ändern?

Achten Sie darauf, wie Sie mit sich selbst sprechen!

Alle diese Entschuldigungen und Selbstbeschränkungen haben ihren Ursprung in der Art und Weise, wie Sie mit sich selbst sprechen. Es ist Zeit, den Gesprächen mit sich selbst eine positive Richtung zu geben.

In meiner Familie wurde seit Generationen den Frauen eingeredet, sie seien handwerklich nicht begabt, und genau das sagten wir uns selbst und anderen bei jeder passenden Gelegenheit vor. Als ich daran arbeitete, das ewige Aufschieben abzustellen, beschloss ich auch, meine Art, mit mir selbst zu reden, neu zu überdenken und mit einer Reihe von Entschuldigungen aufzuräumen. Einer der Punkte, an denen ich ansetzte, war diese angebliche Hilflosigkeit mit technischen Geräten.

In der ersten Woche, nachdem ich meinen Beschluss gefasst hatte, machte ich mich an einem kalten Wintermorgen in Chicago auf den Weg zur Arbeit, doch mein Wagen sprang nicht an. Der halbwüchsige Nachbarssohn kam vor die Tür und sagte: »Keine Sorge, Mrs. Emmett, er ist Ihnen abgesoffen. Da kann ich Ihnen helfen, man muss nur einen Kugelschreiber in die Drosselklappe stecken.«

»Drosselklappe?«, dachte ich insgeheim, »Drosseln mag ich. Ich wette, das lerne ich auch!« Also weihte ich ihn in meinen neuen Vorsatz ein.

Er erwiderte: »Klar kann ich Ihnen das zeigen. Nichts leichter als das. Machen Sie mal die Motorhaube auf.«

»Du kennst das wahre Ausmaß meiner Hilflosigkeit noch nicht«, antwortete ich verlegen. »Ich weiß noch nicht einmal, wie man die Motorhaube aufmacht.«

Also erklärte er mir erst einmal das geduldig, dann zeigte er mir die Stelle, an der der Kugelschreiber platziert werden musste. Das Auto sprang an! Gemeinsam entfernten wir den Kugelschreiber, schlossen die Haube, und ich hatte den ersten Schritt getan, um mich von meiner Erblast zu befreien.

Am Tag darauf fuhr ich meine Tochter Kerry mit vier Freundinnen im Teenageralter ins Kino. Wir zwängten uns alle ins Auto, das wieder nicht ansprang. Als mich schon der Mut verließ, hörte ich gerade noch eine Stimme in mir sagen: »Komm schon, Rita, geh die Sache positiv an. Du weißt jetzt, was zu tun ist.« Also sagte ich mir selbst ein paar aufmunternde Worte und stieg voller Zuversicht, nein, voller Überzeugung aus dem Wagen, ging nach vorne, öffnete die Motorhaube und steckte einen Kugelschreiber in die Drosselklappe.

Dann setzte ich mich wieder hinters Steuer, drehte mit angehaltenem Atem den Schlüssel im Zündschloss – und der Motor sprang an. Fünf Mädchen, einschließlich meiner Tochter, waren von mir begeistert. Ich schwebte voller Stolz einen Meter über dem Boden.

Von da an übte ich mich kontinuierlich in positiven Botschaften an mich selbst und gewann in technischen Angelegenheiten immer mehr Selbstvertrauen. Dieses Selbstvertrauen sprang auch auf meine Arbeit über. Als unser Geschäftsführer jemanden suchte, der sich mit der neuen Videoanlage vertraut machen sollte, sagte man ihm: »Fragen Sie Rita Emmett. Die ist technisch begabt.« Vielleicht hat jemand beobachtet, wie ich auf dem Parkplatz den Wagen eines Kollegen wieder in Gang brachte. Meine Erfolge mit dem Kugelschreiber waren unglaublich. Also sagte ich: » Ich habe keine Ahnung, wie man eine Videoanlage bedient, aber ich werde es lernen.« Und so war es auch.

Damit hörte ich auch auf, alles andere vor mir herzuschieben, das ich schon immer lernen wollte, aber wozu ich mich unfähig geglaubt hatte, weil ich ja »nicht technisch begabt« war. Somit wurde ich die erste Erwachsene in unserem Viertel, die einen Videorecorder programmieren konnte. Als der Heimcomputer aktuell wurde, hörte ich mir die Entschuldigungen und Ängste der anderen an, doch ich selbst war längst darüber hinweg und ging die Sache forsch an.

Irgendwann tauschte ich mein altes Auto gegen ein neues ein. Dann sprang auch das neue Auto einmal nicht an. Ich öffnete die Motorhaube und musste feststellen, dass modernere Autos keine Drosselklappe mehr haben.

Ich geriet in Panik. »Was ist, wenn mir meine ganzen technischen Fertigkeiten wieder verloren gehen. Was passiert, wenn ich in die Arbeit komme und plötzlich die Videoanlage nicht mehr bedienen kann?«

Natürlich passierte das nicht. Ich kam nie mehr so weit, mein technisches Talent in Frage zu stellen. Sind solche Hemmschwellen erst einmal überwunden, bauen sie sich in der Regel nicht wieder auf.

Solange jemand glaubt, etwas nicht zu können, wird er es auch nicht lernen. Aber nehmen Sie sich vor all denen in Acht, die davon überzeugt sind, zu etwas fähig zu sein. Aus dem alten Spruch »Wenn man sich etwas fest vornimmt und daran glaubt, schafft man es auch« können sich ewige Aufschieber eine Menge Motivation holen.

Sobald Sie etwas verschieben wollen, sollten Sie sich aufmunternde Worte zusprechen. Ersetzen Sie Ihre Ausreden durch bestärkende Botschaften, dass Sie das Angestrebte bestimmt schaffen werden. Unter den Zitaten am Ende jedes Kapitels finden Sie sicher einige Aussprüche, die für Sie besondere Bedeutung besitzen. Die sollten Sie kopieren und an die Wand, ans Telefon, an die Pinnwand heften, um all den negativen Sprüchen, die wir von anderen oder, schlimmer noch, von uns selbst hören, etwas Wirkungsvolles entgegenzusetzen.

Nun ist der Zeitpunkt gekommen, die eigenen Ausreden nicht mehr länger zu akzeptieren. Dabei spielt es keine Rolle, wie lange Sie schon als Aufschieber gelten. Was zählt, ist einzig und allein die Tatsache, dass Sie sich ändern können. Und das müssen Sie nicht auf morgen verschieben. Sie können sofort damit anfangen. In diesem Augenblick.

Der Klassiker aller Ausreden: »Unter Druck arbeite ich am besten!«

Zögern Sie manches hinaus, weil Sie glauben, unter Druck arbeiten Sie am besten?

Aber was heißt das genau? Bedeutet das, wenn ein Termin näher rückt, steigt die Adrenalinausschüttung, Sie setzen neue Energien frei, arbeiten konzentrierter und effizienter, und Sie machen, in aller Ruhe und Zuversicht, Ihre Sache sehr gut und bringen den Job rechtzeitig zum Abschluss? Wenn Sie das alles bejahen können, haben Sie auch kein Problem, es sei denn, Sie bejahen auch eine der folgenden Fragen:

- Fühlen Sie sich kurz vor dem Fertigstellungstermin gestresst und unter Druck? Erschöpft und zerrissen? Im Chaos versunken und dem Wahnsinn nahe?

- Haben Sie das Gefühl, hundert Sachen gleichzeitig erledigen zu müssen und die Zeit rennt Ihnen davon?
- Setzen Sie manchmal einen Notruf an Familienmitglieder, Freunde oder Kollegen ab, die Ihnen aus der Patsche helfen sollen?
- Haben andere in Ihrem Umfeld Ihretwegen ebenfalls Stress? (Wenn Sie sich nicht sicher sind, fragen Sie doch mal Ihre Kollegen, ob sie vor einem wichtigen Termin schon einmal daran gedacht haben, Sie zu erwürgen.)
- Leiden Sie in der Zeit unmittelbar vor dem Termin unter Kopf-, Bauch- oder Rückenschmerzen, tun Ihnen die Füße weh, oder haben Sie andere Beschwerden?
- Überschreiten Sie manchmal einen Termin?
- Sind Sie unter dem Druck eines in Kürze bevorstehenden Termins schlecht gelaunt, leicht reizbar, gemein und unausstehlich?

Wenn Sie eine oder mehrere dieser Fragen bejahen müssen, arbeiten Sie unter Druck nicht am besten.

DIE TOP TEN BEI DEN AUFSCHIEBERN (VOM CLUB DER AUFSCHIEBER ZUR VERFÜGUNG GESTELLT)

10. Haustier: Schildkröte
9. Lebensmittel: Sirup
8. Sport: Angeln
7. Phrase: »Lieber spät als nie«
6. Haushaltsgerät: Langsamkochtopf
5. Rock'n'-Roll-Song: »Yesterday«
4. Musical-Song: »Tomorrow«
3. Zeitschrift: *Die Zeit*
2. Filmzitat: »Darüber denke ich morgen nach.« (Scarlett O'Hara in *Vom Winde verweht*) und der Hit-Song …
1. Schlachtruf: »Das mache ich morgen!«

Rick, dessen Arbeit darin bestand, im Auftrag einer gemeinnützigen Organisation Firmen um finanzielle Unterstützung anzuschreiben, spazierte meist recht unbekümmert durchs Leben und sparte sich alle Aktivitäten immer bis zur letzten Minute auf. Er erzählte anderen gerne, unter Druck könne er am besten arbeiten. Das Problem aber war, dass er seine Kollegen verrückt machte, wenn er unter Druck stand, und Frau und Kinder drohten ihm an, ihre Sachen zu packen und das Haus zu verlassen, wenn eine Deadline unmittelbar bevorstand. Wenn er behauptete, »unter Druck am besten zu arbeiten«, hieß das in Wirklichkeit, er verwandelte sich in ein Monster, mit dem man unmöglich zusammenarbeiten oder das Haus teilen konnte.

Auf viele Leute, die von sich behaupten, »unter Druck arbeite ich am besten«, trifft das einfach nicht zu. Unter Druck passiert ihnen vielmehr, dass sie

- den Überblick verlieren,
- sich wie kurz vor einem Nervenzusammenbruch verhalten und fühlen,
- nicht schlafen können,
- andere anschreien, auf ihnen herumhacken oder sie kritisieren,
- zu viel oder zu wenig essen,
- gestresst sind,
- schlampige oder unvollständige Arbeit abliefern,
- sich total verausgaben,
- andere verrückt machen,
- krank werden,
- einen wichtigen Termin überschreiten.

Das sind aber nicht die Umstände, unter denen jemand »am besten« arbeiten kann.

Treffender beschrieben ist die Situation wie folgt: »Ich schaffe es nicht, etwas zu erledigen, wenn ich keinen Druck habe. Erst wenn der Termin näher rückt, komme ich in die Gänge.« Die Philosophie, »unter Druck arbeite ich am besten«, können Sie nur knacken, wenn Sie Ihre ganze Einstellung ändern.

Gegen Ende eines eintägigen Seminars kam Ramish auf mich zu und fasste seine Situation wie folgt zusammen: »Ich habe immer behauptet, ich würde unter Druck am besten arbeiten. Stimmt aber nicht. Was ich mache, ist erst einmal trödeln, mir Zeit lassen und mich bloß nicht anstrengen. Erst wenn Druck einsetzt, fange ich an, richtig zu arbeiten.

Ich liefere aber unter Druck nicht die beste Arbeit ab, ich leiste nicht einmal gute Arbeit, wenn ich mit allem bis zur letzten Minute warte. Irgendetwas Unvorhergesehenes kommt dann immer noch dazu, eine Krise, eine Krankheit, ein Notfall, was auch immer! Dann muss ich mir eingestehen, ich hätte es unter anderen Bedingungen besser gemacht.«

DER ERSTE-HILFE-TIPP

Täglich durchsehen:
Terminkalender
Zeitplan
Deadlines/Abgabetermine
Erledigungsliste

Sicher gibt es einige Projekte, die man sich bis zur letzten Minute aufsparen kann, ohne dass man am Ende durchdrehen müsste. Der Trick dabei ist, die Situation rechtzeitig im Voraus zu bewerten und die möglichen Konsequenzen abzuwägen, wenn man eine Deadline nicht einhält oder eine Arbeit in kürzerer Zeit abwickeln muss, als einem lieb ist.

Hier ein Beispiel: Sie erwarten in ein paar Tagen Gäste und müssen vorher noch die Wohnung putzen. Sie könnten bereits jetzt damit anfangen, wollen aber warten, bis echter Druck einsetzt.

Nun besagt aber das Gesetz der Wahrscheinlichkeit, dass irgendetwas Unvorhersehbares passiert, wenn Sie sich alles bis zur letzten Minute aufsparen. Sie müssen länger arbeiten, das Auto macht Zicken, Sie bekommen Zahnschmerzen und müssen zum Arzt, irgendwas, alles kann passieren, so dass Sie nicht mehr die Zeit haben, die Wohnung sauber zu machen.

In diesem Beispiel sind die Folgen nicht so gravierend. Die Gäste kommen an, und das Haus ist ein Desaster. Das ist Ihnen vielleicht ein bisschen peinlich, aber Sie werden es ohne ernsthafte Nachwirkungen überstehen. Aus dieser Situation entstehen keine echten Probleme, und es gibt keinen Grund, warum Sie sich die Putzaktion nicht bis zuletzt aufsparen sollten.

In einer anderen Situation können die Folgen jedoch wirklich schlimm sein. Dazu folgendes Beispiel: Sie müssen in der Arbeit einen wichtigen Bericht verfassen, der Chef zählt auf Sie, und Sie beschließen, weil Sie ja »unter Druck am besten arbeiten können«, bis zuletzt damit zu warten. Doch dann kommt es, wie es kommen muss, und alles, was nur schief gehen kann, geht auch schief. Sie bekommen die schlimmste Grippe, die man sich nur vorstellen kann, oder Sie können wegen eines Schneesturm nicht ins Büro fahren. Nun müssen Sie dem Chef nicht nur gestehen, dass der Bericht noch nicht ganz fertig ist, sondern dass Sie noch nicht einmal damit angefangen haben.

Jetzt überlegen Sie sich einmal die Konsequenzen in so einem Fall.

Sie gefährden Ihren Job, lassen Ihren Chef schlecht dastehen, vertun sich die Chancen auf die erhoffte Beförderung oder, und das wäre noch der geringste Schaden, Ihr Wert für die Firma ist in den Augen Ihres Chefs deutlich gesunken. Und das alles nur wegen der Angewohnheit, immer alles auf die lange Bank zu schieben, weil Sie sich selbst einreden, unter Druck besser arbeiten zu können.

Welchen Preis bezahlen Sie in diesem Fall dafür, dass Sie sich manches bis zuletzt aufsparen? Erinnern Sie sich an Situationen, in denen Ihr Herz auf Hochtouren arbeitete, weil Sie sich erst in allerletzter Sekunde auf den Weg zu einer Besprechung gemacht haben und im Stau feststeckten?

Wenn Sie nun davon überzeugt sind, dass Sie an Ihrer Einstellung etwas ändern sollten, gehen Sie nach der in Teil III beschriebenen Strategie vor, indem Sie ein Projekt in einzelne überschaubare Einheiten aufgliedern und sich einen bestimmten Zeitplan zurechtlegen, so dass Deadlines kein Anlass mehr sind, in Panik zu geraten, krank zu werden, durchzudrehen oder mittelmäßige Arbeit abzuliefern.

Gibt es überhaupt eine Situation, in der sich Aufschieben lohnt?

Öffnen wir die Wundertüte: Unter bestimmten Umständen sollten Sie sogar etwas auf später verschieben. Ich bin absolut davon überzeugt, dass Sie sich das ewige Hinauszögern abgewöhnen können, aber ich glaube auch, dass es Situationen gibt, in denen Sie besser sagen: »Damit schlage ich mich jetzt nicht herum. Das hebe ich mir für später auf.«

Jeder verlegt zwischendurch etwas auf einen späteren Zeitpunkt. Wir müssen uns entscheiden, an welchen Fronten wir zuerst kämpfen, weil wir uns nicht um alles gleichzeitig kümmern können. Es gibt durchaus Dinge, die wir aufschieben können, ganz bewusst und in voller Absicht. Ich nenne das »positives Aufschieben«.

Das Parkinsonsche Gesetz sagt, dass man für eine Arbeit genau so lange braucht, wie man Zeit dafür hat. Das kenne wir alle. Wenn sich Gäste angesagt haben und man hat zwei Tage Zeit, die Wohnung in Ordnung zu bringen, braucht man dafür auch zwei Tage. Hat man aber nur vier Stunden, bringt man auch in vier Stunden alles blitzsauber (gut, vielleicht nicht blitzsauber, aber immerhin sauber).

Wie kann man dieses Gesetz auf das positive Aufschieben übertragen? Manche Menschen warten mit dem Hausputz absichtlich bis vier Stunden vor Ankunft der Gäste, weil sie nicht zwei Tage ihres Lebens opfern wollen, um die Bude auf Vordermann zu bringen.

Genauso ist es mit dem Schreiben. Es gibt Menschen, die einen Artikel, einen Brief oder irgendetwas anderes schreiben wollen und das, was sie zu Papier gebracht haben, so lange überarbeiten, bis sie völlig entnervt sind.

Solche zwanghaften Perfektionisten tun sich selbst einen Gefallen, wenn sie das Schreiben so lange aufschieben, bis noch ausreichend Zeit ist, um es gut zu machen, aber nicht so viel, dass sie ihr Werk wochenlang überarbeiten können. (Das heißt aber nicht, Sie sollten bis zur letzten Nanosekunde warten und dann eine Arbeit abgeben, die nicht noch einmal überprüft und Korrektur gelesen ist.)

Positives Aufschieben empfiehlt sich in vielen Situationen. Auch wenn es um Kreativität geht. Wenn ich eine wirklich tolle Idee habe, wird etwas Besseres daraus, wenn ich sie noch eine Weile mit mir herumtrage. Ich lasse sie in meinem Kopf reifen, während ich mich ganz bewusst erst einmal mit anderen Dingen beschäftige.

Eine Art Directorin erzählte mir einmal, sie würde erst einmal stundenlang nichts zustande bringen, wenn sie einen neuen Auftrag beginnt. Anstatt lange herumzuprobieren, arbeite sie dann erst einmal ein, zwei Tage an einem anderen Projekt. Wenn sie sich dann wieder diesem Auftrag zuwendet, sieht sie ihn mit ganz anderen Augen und hat viel bessere Ideen, als wenn sie sich von Anfang an damit herumgeplagt hätte. Wenn Sie das Gefühl haben, sich mit einem Projekt auf der Stelle zu bewegen, legen Sie es zur Seite, lassen Sie es vorübergehend ruhen, vielleicht tut ein frischer Start zu einem späteren Zeitpunkt sowohl Ihnen als auch dem Projekt gut.

Wenn wir etwas ohne vernünftigen Grund nicht gleich erledigen, sondern lieber auf die lange Bank schieben, bringt uns das in Schwierigkeiten. Doch von Zeit zu Zeit kann es durchaus Anlässe zu positivem Aufschieben geben.

ZUM NACHDENKEN

Was der Dumme zuletzt macht, macht der Weise zuerst.
R.C. Tench

Wenn Sie immer alles so machen, wie Sie es immer gemacht haben, werden Sie immer das erreichen, was Sie immer erreicht haben.
Verfasser unbekannt

Nichts ist so anstrengend wie eine unfertige Arbeit, die man immer vor sich hat.
William James

Ob Sie nun glauben, Sie können oder Sie können nicht, Sie haben Recht!
Henry Ford

Eine EMMETT-BEOBACHTUNG:
Gott hat Gäste erschaffen, damit die Wohnung in Ordnung gebracht wird.
Rita Emmett

Je dringender ich etwas erledigt haben will, umso weniger nenne ich es Arbeit.
Richard Bach

Zeit wird nicht an den Jahren gemessen, die vergehen, sondern an dem, was man tut, wie man sich fühlt und was man erreicht hat.
Verfasser unbekannt

Menschen brauchen Ordnung im Leben, um so gut wie möglich zu funktionieren. Wie wir unsere Tage ordnen, gibt uns auf vielerlei Arten ein Bild unserer selbst.
L. Tornabene

Bedenken Sie immer, versäumte Zeit kommt nicht zurück.
Thomas à Kempis

Vergeudete Zeit ist Existieren, genutzte Zeit ist Leben.
Edward Young

FLEISSAUFGABE

Schreiben Sie eine Hitliste der Dinge, die Sie erledigen müssen (oder möchten). (Ich weiß nicht, wie oft ich, wenn sich jemand aus dem Haus oder aus dem Auto ausgesperrt hat, schon die Aussage gehört habe: »Ich wollte mir schon immer einen Ersatzschlüssel machen lassen.« Falls Sie auch keinen Ersatzschlüssel haben, setzen Sie ihn auf die Liste. Dann überlegen Sie sich ein gutes Versteck dafür und merken es sich.)

3

Was so gespielt wird

Aufschieben ist ein Spiel. Ein Spiel, bei dem es um Hinauszögern, Ignorieren, Vergessen und Verdrängen geht. Und eine von vielen Menschen praktizierte Art, dieses Spiel zu spielen, ist das, was ich »scheinheiliges Aufschieben« nenne. Sie üben es aus, wenn sie eigentlich etwas Wichtiges tun sollten, tun müssen, weil sie sonst in echte Schwierigkeiten geraten.

Aber sie wollen es nicht tun.

Sie können es aber nicht aufschieben, indem sie sich einfach auf die faule Haut legen, weil die Aufgabe zu wichtig ist. Nein, sie könnten sich und anderen nicht mehr ins Gesicht sehen, wenn sie nicht einen triftigen Grund haben, die Sache aufzuschieben, also stellen sie sie hintan, indem sie sich einer anderen lobenswerten Aufgabe zuwenden.

Lassen Sie mich ein Beispiel dafür nennen. Als ich auch noch zu den großen Aufschiebern gehörte, wurde mir die Aufgabe übertragen, für ein Komitee, dem ich angehörte, einen Einsatzplan zu tippen. Ich hasse aber tippen. Ich habe nie einen Schreibmaschinenkurs gemacht, also arbeite ich mit dem Zwei-Finger-Suchsystem. Dabei mache ich eine Menge Fehler und bin dann frustriert und wütend. Nachdem ich eine Weile an dem Plan gearbeitet hatte,

DREIZEHN »SCHEINHEILIGE« SPIELE ZUM ZEITTOTSCHLAGEN

1. Immer wieder den gleichen Blätterstapel oder den gleichen Haufen Krempel durchsuchen.
2. Am Computer spielen.
3. Lange, ausschweifende Telefonate führen, die Ihnen nicht sonderlich wichtig sind.
4. Mit überraschendem Besuch, der Ihnen nichts bedeutet, unnötig lange herumsitzen.
5. Im Internet surfen.
6. An unnötigen Besprechungen teilnehmen.
7. Ziellos vor sich hinarbeiten, ohne Prioritäten zu setzen oder sich um Deadlines zu kümmern.
8. Zu viele Dinge gleichzeitig erledigen wollen und die dafür zur Verfügung stehende Zeit unterschätzen.
9. Unentschlossen sein.
10. Ja sagen, wenn man nein sagen sollte.
11. Sich zum Arbeiten zwingen, wenn man eigentlich zu müde ist, um effizient zu sein.
12. Sachen erledigen, die nicht nötig sind (oder auch von jemand anderem erledigt werden könnten).
13. Sich übertrieben lange vorbereiten.

wanderte ich erst einmal in die Küche und holte mir eine Tasse Kaffee. Zurück bei der gefürchteten Schreibarbeit, fiel mir etwas Rotes an der Küchenwand auf, vielleicht Traubenmarmelade, sicher etwas mit Trauben. Ich wusste nicht, wie lange es schon da war. Ich griff mir eine Flasche Reiniger und sprühte den roten Klecks an. Das Ergebnis? Ein sehr heller, sehr auffälliger und sehr sauberer Fleck an meiner ansonsten nicht so sauberen Küchenwand. Daraufhin versuchte ich, einen Übergang zwischen dem hellen Fleck und dem Rest der Wand zu schaffen. Wenn ich den Schmutz etwas verwischen würde, könnte ich den unangenehm hellen Fleck vielleicht ausmerzen. Es funktionierte nicht. Also goss ich den Reiniger in einen Eimer und wusch sämtliche Küchenwände inklusive der Decke ab. Am Abend rief mich ein Mitglied des Komitees an, um sich zu erkundigen, wie weit ich mit dem Tippen war.

»Woher soll ich die Zeit für diesen Plan nehmen, wenn ich den ganzen Tag damit beschäftigt bin, die Küchenwände und die Decke zu schrubben?«, sagte ich scheinheilig. Ich hätte weder vor mir selbst noch vor den anderen bestehen können, wenn ich die Tipparbeit verschoben hätte, um stattdessen fernzusehen oder ein Schläfchen zu halten, aber da ich etwas erledigt hatte, was ach so wichtig war, konnte ich es vertreten.

Weitere Varianten scheinheiliger Aufschiebestrategien

Die meisten von uns spielen dieses Spiel des scheinheiligen Aufschiebens mehr oder weniger unbewusst, und wir haben unzählige Varianten parat. Die eine Gruppe, ich nenne sie die Reisenden, reagieren auf eine Aufgabe, indem sie sich ganz plötzlich daran erinnern, dass sie woanders noch etwas ganz Wichtiges zu erledigen haben. Oder sie gehen woanders hin in der Hoffnung, dort wichtige Arbeiten vorzufinden. Ein unkontrollierbarer Zwang treibt sie von der anstehenden Arbeit weg. Wo sie hingehen, ist beliebig, zur Kaffeemaschine, zum Faxgerät, in den Keller, in das Lager, in die Garage, zum Briefkasten. Ist ein Aufzug in der Nähe, fahren sie hoch oder runter. Stehen sie neben einem Fenster, öffnen oder schließen sie es. Liegt ein Bleistift herum, wird dieser erst einmal gespitzt. Ist etwas Essbares in Reichweite, essen sie. Ist nichts Essbares in der Nähe, gehen sie so lange herum, bis sie etwas finden, und essen dann.

Sie laufen im Zimmer umher, wandern durch die Gegend, sind immer am Gehen. Und führt sie ihr zielloses Umherziehen schließlich wieder zurück zu ihrer vordringlichen Aufgabe, packt sie schon wieder die Reiselust, und sie sind erneut auf Achse.

Einige der scheinheiligen Aufschieber fallen in die Gruppe der, wie ich sie nenne, »perfekten Vorbereiter«. Sie sind davon überzeugt, an dem Projekt erst weiterarbeiten zu können, wenn sie vorher noch mehr Research gemacht, sich weitere Informationen besorgt, mehr Bücher gelesen und mehr Seminare besucht haben. Darin kann man es zu solcher Perfektion bringen, dass man unter Umständen Jahre damit verbringt, ein bestimmtes Projekt in die Wege zu leiten.

Das ist in Ordnung, wenn es darum geht, an der Rückseite des Hauses eine Holzveranda anzubauen, aber wenn Sie im Verkauf tätig sind und die Konten nicht abgleichen, weil Sie erst den nächsten Quartalsbericht abwarten wollen, kann Ihre Eigenschaft als perfekter Vorbereiter Ihre Firma um den Umsatz und Sie selbst um die Provision, wenn nicht um den Job bringen.

Dann sind da noch die Geselligen. Der Gedanke an eine unliebsame Arbeit bringt sie darauf, Freunde und Verwandte anzurufen, an die sie seit Jahren nicht einmal gedacht haben. Oder eine Grundsatzdiskussion mit dem Partner zu führen. Oder der Brieffreundin in Australien eine E-Mail zu schicken. In der Arbeit schauen die Geselligen bei Kollegen vorbei, wandern von Schreibtisch zu Schreibtisch, von Büro zu Büro, von Abteilung zu Abteilung, nur um eine Arbeit hinauszuzögern, auf die sie keine Lust haben.

Dann sind da noch die Ordnungsfanatiker, die ganz plötzlich

beschließen, saubere Arbeit könne nicht in einer chaotischen Umgebung vonstatten gehen. Also räumen sie auf, sortieren und arrangieren, entstauben, werfen weg, saugen und legen ab, bis sie schließlich mit dem Blick auf die Uhr feststellen: »Schade, heute ist es schon zu spät, um noch anzufangen. Ich denke, es ist besser, das gleich auf morgen zu verlegen.«

Und zu guter Letzt gibt es die Hilfsbereiten, die die raffinierteste und am besten kaschierte Methode des scheinheiligen Aufschiebens anwenden. Sie legen Arbeit, die erledigt werden müsste, zur Seite, aber nicht freiwillig, sondern um jemand anderem zu helfen, ob diese Person Hilfe braucht oder nicht. Unterscheiden Sie bitte ganz klar: Wenn diese Person tatsächlich Hilfe *nötig* hat, ist das kein Aufschieben, sondern die Erfüllung einer wichtigen Verpflichtung. Es ist reiner Zufall, dass es ausgerechnet den Hilfreichen immer gelingt, hinauszuzögern was immer sie auch wollen, weil sie bereitwillig Verwandten, Freunden, Kollegen, Nachbarn oder sogar wildfremden Leuten helfen. Aber oft werden die Hilfreichen auch von anderen für Zwecke eingespannt, die das nicht rechtfertigen.

Hüten Sie sich vor Leuten, die genau wissen, wie man Sie davon überzeugen kann, dass *Sie* für deren Probleme verantwortlich sind. Als Erstes werden Sie vorsichtig um einen Gefallen gebeten. Das kann zum Beispiel der Kollege sein, der fragt, ob Sie ihm bei seinem Projekt helfen können. Wenn Sie ihm erklären, dass Sie selbst bis oben zu mit Arbeit sind, gerät er in Panik und droht damit, dass er vielleicht seinen Job verliert, wenn er nicht termingerecht fertig wird. Er erwartet von Ihnen, dass Sie ihm aus der Klemme helfen, doch was passiert, wenn Sie selbst nicht mit *Ihrer* Arbeit klarkommen?

Ich will Sie hier nicht aufhetzen, Familienmitgliedern oder Freunden in Zukunft nicht mehr zu helfen. Aber seien Sie vorsichtig, wenn andere Sie für ihre Probleme verantwortlich machen wollen. Wenn jemand immer Hilfe erfährt, zieht er aus einer

Notsituation keine Lehren für die Zukunft und wird nie die Verantwortung für seinen Bereich übernehmen. Und Sie selbst kommen in dieser Zeit mit den eigenen Aufgaben in Verzug und haben selbst auf einmal auch ein Problem. Vielleicht liegen Sie nachts wach im Bett und zerbrechen sich den Kopf über die Probleme anderer, während diese friedlich und sorgenfrei schlummern, weil sich jetzt jemand anderes für sie einsetzt.

KLEBEN SIE SICH EINEN ZETTEL AN DIE STIRN (ODER AN DEN SCHREIBTISCH), AUF DEM STEHT:

Wenn *du* nicht planen kannst,
muss *ich* deshalb kein Problem haben.

Zuweilen vernachlässigen die Hilfreichen ihre eigene Arbeit und eilen anderen zu Hilfe, weil ihnen die eigenen Projekte im Vergleich zu deren neuen und aufregenden Jobs langweilig oder unangenehm erscheinen. Außerdem gibt es ein gutes Gefühl, jemandem unter die Arme zu greifen. Jeder will beliebt sein, und die meisten Leute sind dankbar, wenn man schnell einspringt und ihre Arbeit für sie erledigt.

Manche Hilfreichen wissen gar nicht, wie man nein sagt, wenn man um Hilfe gebeten wird. Sie wollen immer »nett« zu anderen sein und ertragen die Vorstellung nicht, man könnte sie für gemein, egoistisch oder gleichgültig halten. Sie möchten beliebt sein. Ihr Selbstwertgefühl basiert darauf, dass andere gut über sie denken. Und wenn sie von negativen, niederträchtigen Menschen umgeben sind, die andere ausnutzen, können die Hilfreichen nie genug tun oder fühlen sich zumindest nie hilfreich genug.

Sie können nicht »nein« sagen, weil sie andere nicht verletzen wollen. Aber wir alle haben schon erlebt, dass andere Menschen höflich abgelehnt haben, wenn wir Hilfe von ihnen wollten:

- »Ich würde dir furchtbar gerne beim Umzug helfen, aber ich kann leider nicht. An diesem Wochenende habe ich schon etwas anderes vor.«
- »Entschuldige, aber ich kann jetzt nicht mit dir sprechen, ich bin zu beschäftigt. Kann ich dich später zurückrufen?«
- »Ich würde dir gerne mit dem Computer helfen, aber im Moment versinke ich in Arbeit und muss einen wichtigen Abgabetermin schaffen. Dieses Mal musst du jemand anderen fragen.«

Wenn andere einmal »nein« sagen, erklären wir deshalb nicht die Freundschaft für beendet oder sprechen nicht mehr mit ihnen. Warum sollten wir also annehmen, andere würden uns nicht mehr mögen, nur weil wir gelegentlich eine Bitte ablehnen?

Von den Hilfreichen behaupten viele, sie seien am glücklichsten, wenn sie anderen helfen können. Das mag schon stimmen, aber es gibt dabei immer noch ein Problem, egal wie glücklich jeder Einzelne ist. Wenn es Ihnen Leid tut, so viele eigene Arbeiten zurückzustellen, weil Sie anderen helfen, und wenn anderen helfen bedeutet, dass Sie Ihre Familie oder sich selbst vernachlässigen oder eine Arbeit, für die Sie eingestellt wurden, nicht bewältigen, ist es Zeit, energischer aufzutreten und den Bitten anderer von Zeit zu Zeit ein Nein entgegenzusetzen. Immer bereitwillig alles zu tun kann zu Erschöpfung, Reue und regelrechter Feindseligkeit führen. Der irische Dichter William Butler Yeats schrieb einmal:

*»Wenn jemand zu lange Opfer bringt,
kann sein Herz zu Stein werden.«*

Sie können mit Nachdruck auftreten und dennoch ein freundlicher, liebevoller, höflicher Mensch bleiben – und die eigene Arbeit unter Dach und Fach bringen.

Sich treiben lassen

Es gibt eine Gruppe scheinheiliger Aufschieber, die die Kunst, »sich treiben zu lassen«, praktizieren. Nicht wie ein Schiff ohne Ruder, eher wie ein Schiff ohne festes Ziel. Kennen Sie das, wenn man auf einen vergangenen Vormittag, Nachmittag oder Abend zurückblickt und nicht weiß, was man die ganze Zeit gemacht hat oder wo die Zeit geblieben ist? Einige von denen, die sich treiben lassen, fangen mehrere Sachen gleichzeitig an und bringen keine zu Ende. Andere tändeln herum, ohne wirklich etwas zu tun.

Sich treiben lassen passiert in den verschiedensten Situationen: Wenn man deprimiert ist, sich überfordert fühlt, abgelenkt oder aufgeregt ist, oder wenn man sich seine Zeit nicht richtig eingeteilt hat. Tatsächlich ist dieses Phänomen meist während unstrukturierter Zeit zu beobachten. Würden Sie einen Tag voll und ganz durchstrukturieren, wüssten Sie den exakten Zeitpunkt, an dem Sie morgens aufwachen, frühstücken und zur Arbeit gehen.

Sie fangen vielleicht um 9.00 Uhr zu arbeiten an, machen um 10.30 Uhr eine Kaffeepause, gehen um 12 Uhr in die Mittagspause, machen um 15.30 Uhr nochmals eine Pause und um 17.00 Uhr Feierabend. Zu Hause essen Sie zu Abend, setzen sich vor den Fernseher und gehen irgendwann ins Bett. Das alles geschieht zu ganz bestimmten Zeiten. An einem straff durchstrukturierten Tag wird es nicht vorkommen, dass Sie sich treiben lassen, es ist ein Tag, an dem Sie alles exakt nach Plan ausführen.

Nun wenden wir das Blatt und stellen uns einen völlig unstrukturierten Tag vor. Da Sie nichts geplant haben, klingelt schon

WAS IST DAS GEGENTEIL EINES AUFSCHIEBERS?

So ungern Sie dies auch hören werden, Sie sind aller Wahrscheinlichkeit nach nicht zum Aufschieber geboren. Aber als was dann? Wie nennt man Menschen, die nicht alles hinausschieben? Was ist das Gegenteil?

Das Gegenteil sind nicht die Macher und auch nicht die Leitfiguren, nicht die Organisierten oder Motivierten, weil wir alle wissen, dass auch die organisierten Macher oder die motivierten Leitfiguren in vielen Bereichen ihres Lebens Dinge hinausschieben.

Auch die Bezeichnung *Nichtaufschieber* finde ich unzutreffend, weil man dabei nicht zwischen jenen unterscheidet, die noch nie eine Neigung dazu gezeigt haben, und jenen, die dagegen angekämpft und gewonnen haben. Das Präfix Nicht- sagt nämlich wenig aus. So können zum Beispiel Nichtraucher Leute sein, die noch nie geraucht haben, die schon vor Jahren aufgehört oder erst vor einer Woche die letzte Zigarette geraucht haben und noch Bilder von Teerlungen mit sich herumtragen, die sie sämtlichen Freunden unter die Nase halten.

Das Gegenteil der ewigen Aufschieber, die möglichst vieles nach morgen verlegen, wären am ehesten jene, die möglichst vieles auf den Punkt erledigen, die Aktionisten.

einmal kein Wecker. Sie stehen auf, wann Sie Lust dazu haben, und es gibt keinen konkreten Anlass sich anzuziehen. Sie hoffen, das Telefon klingelt bald, damit Sie irgendeinen Anhaltspunkt haben, was heute anstehen könnte.

Die meisten von uns verbringen ihre Tage irgendwo zwischen diesen Extremen. Oder wir schlittern zwischen relativ straff strukturierten Arbeitstagen und relativ gering strukturierten Wochenenden hin und her. Manche Menschen funktionieren bestens, unabhängig davon, ob ihre Zeit eingeteilt ist oder nicht, andere kommen besser zurecht, wenn sie sich an einem der Extreme orientieren. Viele extreme Macher, die während der strukturierten Arbeitszeit absolut nie etwas vor sich herschieben, lassen sich bei unstrukturierter Zeit daheim urplötzlich »treiben« (und schieben Dinge auf).

Es gibt eine Reihe von Berufen, für deren Ausübung es keinen festen äußeren Rahmen gibt, zum Beispiel bei Hausfrauen oder Hausmännern, Priestern oder Immobilien- und Versicherungsmaklern. Auch wer außerhalb seiner vier Wände arbeitet, muss mit viel unstrukturierter Zeit zurechtkommen. All diese Menschen müssen besonders auf der Hut sein, um sich nicht treiben zu lassen. In jeder Berufsgruppe, so scheint es, gibt es bestimmte Tätigkeitsfelder, in denen keine starren Vorgaben existieren. So haben bei den Juristen die Testamentsvollstrecker oft nicht den immensen Termindruck, dem viele ihrer Kollegen in anderen Fachbereichen gerecht werden müssen. Aufgrund der fehlenden Dringlichkeit kann ein Testamentsvollstrecker leichter Aufschübe erwirken und daher auch einfacher etwas vor sich herschieben. In unstrukturierten Berufen gibt es einen stärkeren Bedarf an zeitlichen Sollvorgaben, Arbeitsplänen, Listen und Prioritäten und definitiv auch an mehr Disziplin, als dies in stark strukturierten Berufssituationen der Fall ist.

Wer sich nicht mehr so stark treiben lassen will, muss als Erstes lernen, kritische Situationen zu erkennen. »Ertappt, ich lasse mich treiben.« Der nächste Schritt ist, in die Gänge zu kommen und eine Aufgabe zu Ende zu führen. Wie ein altes Sprichwort sagt: »Erfolg führt zu noch mehr Erfolg«.

Analog gilt natürlich auch: »Erfolg erzeugt Erfolg« und »Misserfolg zieht Misserfolg an«. Wenn man rückblickend feststellen muss, in einem bestimmten Zeitrahmen viele Aufgaben nicht zu Ende gebracht zu haben, fühlt man sich leicht als unfähig und handelt dann auch so. Unfertige Arbeiten können zuweilen auch noch mehr Arbeit nach sich ziehen. In einem meiner Seminare erzählte Mary, ihre dicke, mürrische Katze liege mit Vorliebe in frisch gewaschener und getrockneter Wäsche. Wenn sie die Sachen nicht schnell genug aufräumt, muss sie alles noch einmal waschen und fühlt sich auch noch als Versagerin, weil sie das Aufräumen der frisch gewaschenen Sachen aufgeschoben hat.

Sich treiben lassen ist eine Variante des Aufschiebens, mit der man Zeit vergeudet und sich von der Fertigstellung bestimmter Aufgaben abhalten lässt. Und es kratzt an unserem Selbstwertgefühl und führt dazu, dass wir uns stupide und unorganisiert vorkommen. Achten Sie darauf! Packen Sie sich selbst am Kragen, wenn Sie sich treiben lassen. Machen Sie es anders, indem Sie erst eine Aufgabe erledigen. Dann folgt die nächste. Und die nächste.

Wie man mit dem scheinheiligen Aufschieben Schluss macht

Wenn man mit dem Aufschieben aus scheinheiligen Gründen Schluss machen will, muss man als Erstes diesen Typus des Aufschiebens an sich erkennen lernen. Werden Sie sich der Spiele, die Sie (die wir alle) spielen, bewusst. Wenn Sie Ihre ganz eigene Art des scheinheiligen Aufschiebens kennen, werden Sie auch wachsam dafür: Sie bemerken, dass Sie Schubladen ausmisten, wenn Sie eigentlich einen Bekannten anrufen wollten, um ihm Ihr Beileid auszusprechen, dass Sie den Wäscheschrank umräumen, wenn Sie sich vorgenommen hatten, zum Sport zu gehen, zu meditieren oder ins Tagebuch zu schreiben, oder dass Sie ein Computerspiel anfangen, wenn etwas wichtiges anderes zu erledigen wäre.

Scheinheiliges Aufschieben hat in all seinen Ausprägungen eine charakteristische Eigenschaft: Abschweifen vom Wesentlichen. Sind Sie aber dazu übergegangen, sich auf das Wesentliche zu konzentrieren? Indem Sie sich einen Termin für eine Aufgabe oder eine Verpflichtung gesetzt und diese in Ihre Erledigungsliste aufgenommen haben, rücken die anderen »wichtigen« Dinge, die diese Art des Aufschiebens fördern, automatisch ins Abseits.

Machtspiele – privat und im Beruf

Eine weitere raffinierte, aber heimtückische Variante ist das Aufschieben aus Rebellion. Unabhängig davon, ob ihnen die Motive dafür bewusst sind oder nicht, zetteln Menschen, die sich machtlos oder überfordert fühlen, manchmal durch Aufschieben stille, kleine Rebellionen an.

Hier ein Beispiel: Eine Frau weist ihren Ehemann auf einige Reparaturen im Haus hin. Er sagt: »Klar, dieses Wochenende kümmere ich mich darum.« Und er weiß genau, dass er zu gegebener Zeit Frustration und Wut bei ihr auslösen kann, aber nicht etwa, indem er sich weigert, die Reparaturen auszuführen, nicht durch Proteste oder Streit, sondern schlicht und einfach, indem er nicht hält, was er versprochen hat.

Dass er die Gefühle seiner Frau durch das Aufschieben bestimmter Arbeiten steuern kann, gibt ihm ein Gefühl von Macht. Unterbewusst hat er die Kontrolle über sie, ohne dass er irgendwelche Energien dazu aufwenden müsste. Doch die Konsequenzen, die er dafür in Kauf nehmen muss, sind vielfältig, angefangen bei den offensichtlichen (ein Haus, das aussieht, als würde es demnächst einstürzen) bis hin zu den subtileren (eine Frau, die wegen seines lieblosen Verhaltens in der Beziehung auf Distanz zu ihm geht).

Noch ein anderes Beispiel: Pedro, ein Teilnehmer an einem meiner Seminare, erzählte, dass einige seiner Mitarbeiter ihre Kritik an seiner Beförderung zum Abteilungsleiter zum Ausdruck brachten, indem sie Dinge unnötig lange aufschoben. Drei Monate nach dem Seminar sagte er mir: »Ich weiß, dass es deren Problem war, nicht meines, aber es sah ganz so aus, als würden sie mich sabotieren wollen. Inzwischen bin ich aber dazu übergegangen, meine Abteilung nicht mehr so dominant zu führen. Ich frage die anderen häufiger um ihre Meinung, gebe ihnen mehr Verantwortung, beziehe die Leute in Entscheidungsprozesse mit ein. Ich schätze, ich bin insgesamt etwas freundlicher. Es ist unglaublich. Mein Team rebelliert nun viel weniger. Aufschieben kommt praktisch nicht mehr vor. Es ist wie Zauberei.«

Überlegen Sie einmal, wie viel Macht ein Mitarbeiter ausübt, wenn er einen einzigen Bericht hinauszögert. Ist er nicht zum Termin fertig, kann das die gesamte Abteilung, vielleicht sogar die ganze Firma ins Chaos stürzen.

Rebellierendes Aufschieben ist ausgesprochen gefährlich, weil man neben dem, den man treffen will, auch sich selbst trifft. Sie halten einen Termin nicht ein und erwerben sich den Ruf, ein »Nichtstuer« zu sein, weil Sie hart daran arbeiten, nichts zu tun. Aufschieben bedeutet für Sie, mit unerledigten Aufgaben dazustehen, aber auch an Selbstwertgefühl einzubüßen, sich selbst unfähig zu fühlen. Was für ein nutzloser, destruktiver Ansatz, sich Macht über andere zu verschaffen.

Einige unter den Aufschiebern aus Rebellion werden früher oder später erkennen, dass sie sich unbewusst gegen einen oder beide Elternteile auflehnen, selbst wenn diese schon seit Jahren tot sind. Gehen Sie den Ursachen Ihrer eigenen Rebellion auf den Grund. Haben Sie das Gefühl, in bestimmten Beziehungen oder Situationen wenig oder gar keine Kontrolle zu besitzen? Verursachen Sie durch Aufschub bestimmter Aufgaben Aufregung, Ärger oder irgendeine Art von Chaos? Gibt es Ihnen ein Gefühl von Kontrolle oder Macht, wenn Sie etwas aufschieben?

Wenn Sie das Aufschieben aus Rebellion abstellen wollen, müssen Sie als Erstes eine andere Möglichkeit finden, Macht in Ihrem Leben zu erlangen. Akzeptieren Sie die Probleme, die Sie vielleicht mit Ihren Mitmenschen daheim oder in der Arbeit haben. Teilen Sie diesen Leuten Ihre Schwierigkeiten direkt mit. Setzen Sie sich eigene Ziele. Nutzen Sie die Tipps in diesem Buch, um Ihre Aufschiebetaktiken zu ändern. Sie werden sich wundern, wie viel Freiheit Sie auf einmal erfahren. Viele ehemalige Aufschieber verspüren, wenn sie die positive Initiative ergreifen, ein Gefühl von Erfolg und Macht, das den Eindruck von Kontrolle, den sie durch Rebellion und Aufschieben erzielen, bei weitem übertrifft.

Falls Sie nicht dazu fähig sind, das rebellierende Aufschieben aus eigener Kraft hinter sich zu lassen, brauchen Sie Unterstützung. Diese Form von Rebellion kann unter Umständen so tief in Ihrem Unterbewusstsein verwurzelt sein, dass professionelle Hilfe und Beratung nötig ist.

Kommen wir schon damit auf die Welt?

Ich hatte immer angenommen, die Neigung zum ewigen Aufschieben sei mir mit in die Wiege gelegt worden; daher könne ich gar nichts dagegen machen. Doch nachdem ich geheiratet und Kinder bekommen hatte, begann mir allmählich etwas aufzufallen. Wenn Babys etwas tun wollen, dann gleich, sofort! Sie schreien aus Leibeskräften, bis das ganze Hause wackelt, um zu kriegen, was sie möchten. In den ersten Lebensjahren werden Kinder langsam und subtil (und vermutlich nicht einmal mit Absicht) zu Aufschiebern oder Aktionisten gemacht.

Die Kriminalbeamtin Elizabeth erzählte mir folgende Geschichte von ihrer Tochter Meghan: Als Meghan zwei Jahre alt war, sah sie im Fernsehen eine Familie beim Picknick und fragte, ob sie das auch einmal machen könnten. Elizabeth sagte ja und erklärte ihr, dass sie aber bis zum Sommer damit warten müssten, weil jetzt draußen alles mit Schnee bedeckt war und die Temperaturen unter null Grad lagen. Meghan begann sofort Pläne für das Picknick zu schmieden. In den nächsten paar Tagen trug sie eine Decke, einen Picknickkorb und eine Thermoskanne für den Saft zusammen. Das kleine Mädchen sprach so oft und so begeistert von dem Picknick, dass eines Abends, als sich die Familie zum Abendessen versammelte, eine Decke auf dem Esszimmerboden ausgebreitet war. Sie machten ihr Picknick. Es war zwar drinnen, aber es war toll.

Hätte Elizabeth darauf bestanden, mit dem Picknick bis zum Sommer zu warten, hätte sie unweigerlich (und in bester Absicht) bei Meghan die Weichen auf Aufschieben gestellt.

Ich vertrete nicht die Meinung, dass Kinder oder beliebige Personen für alles, was sie tun, sofort eine Belohnung erhalten sollten. Und viele Dinge, die Kinder *jetzt gleich* machen möchten, sind schlichtweg nicht auf der Stelle möglich, also bleibt uns nichts anderes übrig, als zu sagen: »Später.« Aber ich bin davon überzeugt, dass wir mit dem Enthusiasmus geboren sind, die Dinge *gleich* zu tun, und irgendwann auf unserem Lebensweg lernen wir, Ausflüchte zu suchen und vieles auf morgen zu verschieben.

ZUM NACHDENKEN

Jeder kann eine Menge Arbeit erledigen, solange es nicht die ist, die er in diesem Moment eigentlich tun sollte.
Robert Benchley

Es genügt nicht, nur fleißig zu sein – das sind die Ameisen. Die Frage ist vielmehr: Wofür sind wir fleißig?
Henry David Thoreau

Die Leute, die niemals Zeit haben, tun am wenigsten.
Georg Christoph Lichtenberg

Lebe dein Leben heute!
Das ist KEINE Generalprobe.
Verfasser unbekannt

Es ist nicht schwer, Entscheidungen zu treffen, wenn man weiß, was einem wichtig ist.
Roy Disney

Verschiebe nicht auf morgen, was du heute schon tun kannst. Denn wenn es dir heute Spaß macht, kannst du es morgen wieder tun.
James A. Michener

Aufschieben ist der Tod jeder Chance.
Victor Kiam

Verloren, gestern,
irgendwo zwischen Sonnenaufgang und
Sonnenuntergang,
zwei goldene Stunden,
jede mit sechzig Diamantminuten besetzt.
Eine Belohnung ist nicht ausgesetzt,
denn sie sind für immer vergangen.
Horace Mann

FLEISSAUFGABEN

1. Vergeuden Sie einen Teil Ihrer Zeit damit, Dinge zu tun, die Sie gar nicht tun möchten, irgendwo hinzugehen, wohin Sie nicht möchten, und/oder mit Menschen zusammenzusein, mit denen Sie nicht zusammensein möchten? Wenn ja, liegt es daran, dass Sie nicht nein sagen können? (Oder noch schlimmer, wurden Sie nicht darum gebeten, sondern haben Sie es ohne nachzudenken von sich aus angeboten?)

- Stellen Sie eine Liste dieser Situationen zusammen.

____

2. Kommt es vor, dass Sie wiederholt jemandem etwas versprechen und dann »vergessen«, das Versprochene zu halten?

____

____

- Schreiben Sie eine Liste, mit wem Ihnen das passiert.

  ____

  ____

- Was können Sie ändern, um sich nicht mehr so ausgeliefert zu fühlen?

  ____

- Suchen Sie sich eine bestimmte Person aus. Versuchen Sie, dieser Person zu erklären, warum Sie das, worum Sie gebeten wurden, nicht tun möchten.

  ____

NOCH EINE FLEISSAUFGABE

Lehnen Sie es diese Woche einmal ab, etwas zu tun, was nicht unbedingt nötig ist und mit Ihren eigenen Plänen kollidiert oder was die andere Person genauso gut selbst erledigen kann.

TEIL II

Warum wir Dinge aufschieben

4

Ängste, die zum Hemmschuh werden

Die zweite Emmett-Regel: Übertriebener Perfektionismus ist der Ruin aller Aufschieber

Es gibt unzählige Ängste, die Sie lähmen und zum Aufschieben veranlassen können. Was können Sie tun, wenn Ängste Sie zum völligen Stillstand bringen? Auf wirkungsvollste Art können Sie diese Geister entmachten, indem Sie ihnen direkt ins Auge blicken. Legen Sie sie bloß. Geben Sie ihnen einen Namen. Je besser Sie Ihre Feinde kennen, umso weniger bedrohlich wirken sie.

In diesem Kapitel werden wir einige der Ängste untersuchen, die zum Hemmschuh werden können.

Die Angst, nicht perfekt zu sein

Vielleicht würden Sie sich selbst nicht als perfektionistisch bezeichnen, aber schieben Sie Dinge auf, bis der Zeitpunkt, die Stimmung oder die Umstände dafür ideal sind? Betty, eine Teilnehmerin eines meiner Seminare, bemerkte: »Ich bin ganz sicher keine Perfektionistin, in meiner Wohnung und in meinem Auto herrscht permanent Chaos.« Aber das Schreiben eines Briefes schiebt sie auf, bis sie wirklich ausgiebig Zeit hat und in der richtigen Verfassung ist, Sätze zu formulieren, die eines Shakespeares würdig wären.

Ganz ähnlich verhalten sich Jane und Bill, die schon seit Monaten, ja sogar Jahren darüber sprachen, einen Sparplan aufzustellen und es nie in die Tat umsetzten. Sie hatten alle möglichen Ausreden und Entschuldigungen parat, doch im Unterbewusstsein scheuten sie sich einfach davor, einen nicht perfekten Plan zu entwerfen.

Aus völlig anderen Gründen schob es Shayna immer wieder vor sich her, eine Vorsorgeuntersuchung beim Arzt und Zahnarzt machen zu lassen. Sie ist gesund und hat keine Angst davor, doch sie macht sich Sorgen, ein Termin, den sie einen Monat im Voraus vereinbaren muss, könnte mit einer wichtigen Besprechung in der Arbeit oder einem Besuch von Freunden aus einer anderen Stadt kollidieren.

Das sind typische Verhaltensmuster. Man wartet, bis man in der richtigen Stimmung ist, genügend Zeit hat oder die Umstände am besten sind, und falls nicht alle Faktoren »perfekt« zusammentreffen, werden Entscheidungen, Handlungen, Anfänge, Abschlüsse, Maßnahmen, Anschaffungen, Beziehungen, Karrieren und Leben auf Eis gelegt.

Eine wichtige Lektion für die Überwindung dauernden Aufschiebens besteht darin zu realisieren, dass diese perfekten Situationen vielleicht niemals eintreten. Wir sind fehlbare Menschen in einer fehlbaren Welt. Keine Angst, ich will damit nicht sagen, wir sollen uns mit Mittelmaß zufrieden geben. Arbeiten Sie auf ausgezeichnete Ergebnisse hin. Die sind erreichbar. Perfektion aber meist nicht.

Menschen, die auf irgendeinem Gebiet erfolgreich sind oder

waren, werden Ihnen bestätigen, dass Sie ein Abweichen vom Ziel als notwendigen Schritt zum Erfolg akzeptieren müssen. Michael Jordan, ehemaliger Basketball-Star bei den Chicago Bulls, wird auf einem Poster mit folgenden Worten zitiert: »Ich haben in meiner Laufbahn über 9 000 Körbe verfehlt. Ich habe fast 300 Spiele verloren. 26-mal hat man mir den spielentscheidenden Wurf anvertraut, und ich habe nicht getroffen. Ich habe in meinem Leben immer und immer wieder versagt. Und genau deshalb habe ich Erfolg.«

Heißt Ihr Ziel, mit einem Sparplan zu beginnen, machen Sie ein paar Hausaufgaben, um das für Sie Bestmögliche herauszuholen. Setzen Sie sich einen Termin, an dem Sie spätestens damit anfangen wollen, den Plan zu realisieren, anstatt auf unbestimmte Zeit nach dem *perfekten* Plan zu suchen. Ist es Zeit, einen Brief zu schreiben, ein Projekt zu Ende zu bringen, ein Testament aufzusetzen oder um eine Gehaltserhöhung zu bitten, können Sie es planen, die Aufgabe so gut wie nur möglich auszuführen. Aber nehmen Sie in Kauf, dass das Ergebnis vielleicht nicht perfekt wird.

Stella setzt sich über ihren Perfektionismus hinweg

Stella, Geschäftsführerin einer Niederlassung der Handelskammer, war Perfektionistin, bis sie im Büro wie auch in ihrem Privatleben eine Kehrtwende vollzog. Freunden und Mitarbeitern fiel auf, dass sie mit dem Aufschieben aufgehört und sich zum Inbegriff von Produktivität und Effizienz entwickelt hatte, und sie wollten wissen, wie ihr das gelungen sei.

Stella reichte die Lorbeeren an ihren Ehemann Ed weiter, einen Bauunternehmer, der ihr eine ganz neue Art, mit sich selbst zu sprechen, beibrachte. Stellas Perfektionismus frustrierte ihn so sehr, dass er sie eines Tages auf eine seiner Baustellen mitnahm und ihr die schönen Arbeiten der Schreiner vorführte, Bücherregale, Schränke, Holzböden und einen Eckschrank für Fernseher und Stereoanlage. Stella bewunderte die Arbeiten aufrichtig und sagte: »Das ist alles so schön. Deine Leute sind einfach Perfektionisten.«

»Nein, das sind sie nicht«, entgegnete ihr Ed, »auch wenn man bei Schreinern einen Fehler meistens sofort sieht und das für sie kein Spaß ist. Sie sind keine Perfektionisten, aber sie haben einen bestimmten Anspruch an ihre Arbeit. Jeder Schreiner im Land weiß, dass man zweimal messen, aber nur einmal schneiden kann. Fehler beim Schneiden können *sehr* teuer werden.

Aber selbst wenn sie zweimal messen, unterlaufen ihnen doch manchmal Fehler. Und weißt du, was sie zu sich selbst sagen, wenn sie etwas vermasselt haben?«

»Was?«, fragte Stella.

»Es wird ja kein Flügel«, antwortete Ed. »Weißt du, nicht alles, was ein Schreiner macht, muss wie ein Flügel gearbeitet sein. Manchmal kann etwas, das nicht ganz perfekt ist, immer noch von so hoher Qualität sein, dass man damit leben kann.«

Das wirkte bei Stella. Sie hörte auf, schwierige Telefonate, Briefe oder Entscheidungen hinauszuzögern, und lernte, die Dinge gleich anzupacken.

Vor kurzem rief Ed sie an, um zu fragen, ob sie zum Abendessen nach Hause käme, und sie antwortete: »Und ob! Ich arbeite hier für drei und habe die Unterlagen für das Oktober-Meeting immer noch nicht zusammen, aber damit kann ich leben. Ich wollte jetzt sowieso gehen, denn schließlich muss ja kein Flügel daraus werden.«

Makel akzeptieren lernen

Es gab in meinem Leben einmal eine Phase, in der ich eine unverbesserliche Perfektionistin war. Ich schob alles vor mir her, bis die Umstände oder die Zeit perfekt waren. Heute wundere ich mich, dass sich meine Freunde oder meine Familie angesichts der irrationalen Erwartungen, die ich an sie und an mich stellte, damals nicht von mir abwandten. Dann erlebte ich als Leiterin einer Pfadfindergruppe etwas, das mein Denken völlig umkehrte.

Zu meiner Gruppe gehörten sechs Jungen, darunter die Zwillinge Pat und Mike. Wenn wir für die Mütter und Väter Geschenke machten, sahen sich die Zwillinge permanent gegenseitig über die Schulter, um ganz sicherzugehen, dass ihre Geschenke auch absolut identisch wurden.

In einem Jahr bastelten wir zu Weihnachten Schmuckanhänger aus buntem Glas. Jeder Junge legte ein Blechförmchen, zum Beispiel einen Schneemann oder einen Stern, auf ein Backblech und füllte es mit Kunststoffperlen, die im heißen Ofen schmolzen und dann wie farbiges Glas aussahen. Zum Ende unseres Bastelnachmittags, etwa um 17 Uhr, waren die Jungen mit allem fertig bis auf das Backen. Ich sagte, wenn sie die Eltern zu Hause zum Essen erwarteten, würde ich die Anhänger für sie in den Ofen schieben und sie könnten am Tag darauf nach der Schule vorbeikommen und die fertigen Geschenke abholen.

Bis heute weiß ich nicht, woran es lag, aber als ich die Anhänger aus dem Ofen nahm, sah ich, dass die Perlen herumgesprungen waren und in fünf der sechs kleinen Metallformen völlig durcheinander geraten waren. Hektisch versuchte ich, einen geschmolzenen grünen Tropfen von Pats weißem Schneemann abzukratzen. Keine Chance. Fünf Anhänger waren ruiniert, einer war perfekt, der von Mike. Die Geschenke der Zwillinge waren nicht gleich.

Ich rief meine Freundin Julie an und schilderte ihr, wie sehr sich die Jungen angestrengt hatten und dass nun fünf der Weihnachtsgeschenke verdorben waren. Was sollte ich ihnen am nächsten Tag sagen, wenn sie kamen, um ihre Werke in Empfang zu nehmen?

Statt eines Ratschlags erzählte mir Julie, mit welcher Selbstverständlichkeit Indianerkünstler absichtlich einen Fehler in ihre Perlenarbeiten einfügen, um sich selbst immer bewusst zu machen, dass Gott allein perfekt ist, wir Menschen aber nicht. Julie erzählte mir außerdem, dass es bei vielen Quiltmacherinnen Tradition hat, in ihre handgenähten Quilts einen Fehler einzuarbeiten – aus demselben Grund. Nach unserer Unterhaltung ging ich in die Bibliothek und holte einen Band mit Fotos indianischer Gürtel und anderer Perlenarbeiten hervor. Und sie hatten Fehler, eindeutig zu erkennende Fehler. Dann lieh ich mir von den Nachbarn ein kleines, rundes, handgequiltetes Kissen aus. Es hatte ebenfalls einen Fehler.

Als die Jungpfadfinder am nächsten Tag zu mir kamen, wollten fünf von ihnen wissen, warum ich ihre Anhänger »verpatzt« hatte, und der sechste, Mike, stolzierte großspurig herum und zeigte allen, wie schön seiner aussah.

Ich ließ sie am Küchentisch Platz nehmen, erzählte ihnen von den Indianern, die in ihre Perlenarbeiten einen Fehler einfügen, und zeigte ihnen Fotos aus dem Bildband, den ich in der Bibliothek ausgeliehen hatte. Und ich zeigte ihnen auch den Fehler in dem kleinen, gequilteten Kissenbezug der Nachbarn. Dann überreichte ich ihnen ihre Anhänger und schickte sie nach Hause.

Keine halbe Stunde später rief mich die Mutter von Pat und Mike an und sagte: »Rita, ab und zu müssen Sie mir erklären, was bei diesen Pfadfindertreffen vor sich geht. Heute ist es wieder einmal so weit. Können Sie mir bitte sagen, warum Pat wegen seines kleinen weißen Schneemanns mit dem grünen Tropfen am Bauch von einem Ohr zum andern grinst und Mike in seinem Zimmer weint und schreit: »Meiner ist zu perfekt! Meiner ist zu perfekt!«

Ich liebe diese Geschichte, und sie ist mir sehr ans Herz gewachsen, weil sie für mich den Wendepunkt darstellt, an dem ich zum ersten Mal wirklich den Unterschied zwischen ausgezeichnet und perfekt verstand – und von dem an ich den ersten Schritt unternahm, um das ewige Aufschieben in den Griff zu bekommen. Ich finde es wahrhaftig befreiend (und einer gesunden Geistesverfassung nur förderlich), sich zu exzellenten Leistungen, aber nicht »perfekten« zu motivieren.

Angst vor dem Unbekannten

Diese Angst ist vermutlich am weitesten verbreitet. Manchmal sind die bekannten Umstände horrend, schmerzhaft und beängstigend, aber immer noch einfacher zu handhaben als die Schrecken des Unbekannten. Es gibt Menschen, die Beziehungen, in denen sie ausgenutzt werden, oder destruktive, negative Beschäftigungen nicht beenden können, weil sie lieber das Elend dessen ertragen, »was ist«, als sich dem auszusetzen, »was sein könnte«. Lindsay liebt ihren Beruf als Tierärztin, hasst aber die Tierklinik, in der sie seit zwei Jahren arbeitet, weil sie mit ihrem Chef nicht zurechtkommt. Lindsay glaubt, woanders mehr zu verdienen und für ihre Arbeit größere Anerkennung zu erhalten. Außerdem braucht sie für den einfachen Weg zur Arbeit täglich über eine Stunde in nervtötendem Verkehr. Aber sie unternimmt nichts, um eine andere Anstellung zu finden. Sie schiebt es hinaus, weil es für sie auch irgendwie bequem ist, dort zu bleiben, wo sie so unglücklich ist.

Angst vor dem Urteil der anderen

Gehören Sie zu den Leuten, die sich oft überlegen, »was wohl die Nachbarn sagen«? »Was denken die Leute von mir?« Wenn das so ist, lähmt Sie die Angst vor dem Urteil der anderen. Viele Menschen vertagen ihnen wertvolle Projekte auf unbestimmte Zeit, nur weil sie eine vielleicht peinliche Situation nicht in Kauf nehmen oder nicht als faul, töricht, verrückt oder idealistisch abgestempelt werden wollen.

Angst vor Fehlern

Diese Angst hemmt viele Menschen. Sie realisieren nicht, dass sie aus Fehlern Wichtiges lernen können, im Kleinen wie im Großen. Jill erzählte, wie ihr vor Jahren bewusst wurde, dass jedes Mal, wenn sie in der Küche etwas zerbrach – eine Kaffeetasse, einen Teller –, dies nur passierte, weil sie zu vieles zu schnell erledigen wollte.

Als sie wieder einmal in größter Eile möglichst viel auf einmal erledigen wollte und sich anschickte, das Haus zu verlassen, donnerte sie aus Versehen ein Glas auf den Boden. Da wurde ihr klar, dass das Glas sie vielleicht darauf aufmerksam machen sollte, besser ein paar Gänge herunterzuschalten. Bei der Hektik, in der sie war, hätte sie sich gut einen Strafzettel wegen überhöhter Geschwindigkeit einhandeln oder, was noch schlimmer gewesen wäre, einen Autounfall verursachen können.

Ich habe meinen Kindern oft vermittelt – in Worten und durch mein Beispiel – sich nach Fehlern keine Vorwürfe zu machen, sondern sie als notwendigen Bestandteil des Lebens zu sehen und sich zu fragen: »Was kann ich daraus lernen?«

Als mein Sohn Robb fünf Jahre alt war, aß er mit Vorliebe Erdnussbutter und Gelee auf warmem Toast. Einmal waren wir gerade oben im Haus beschäftigt, als es Zeit für das Mittagessen wurde. Robb sagte: »Keine Sorge, Mama, ich mache das Mittagessen.« Ein paar Minuten später zog ein verführerischer Duft die Treppen hoch. Ich ging nach unten und fand Robb auf der Anrichte sitzend und verwirrt in den Toaster starrend, aus dem nun schwarzer Rauch aufstieg. Er hatte die Erdnussbutter und das Gelee auf den Toast gestrichen, bevor er ihn in den Toaster steckte. Ganz perplex sah er mich an und sagte: »Ich weiß nicht, was ich daraus lernen soll? Kann man es auch anders machen?«

WER NIE FEHLER MACHT, TUT VERMUTLICH NIE ETWAS.

Und genau diese Frage sollten Sie sich stellen, wenn Sie an einer Aufgabe scheitern, einen Fehler machen oder sich töricht fühlen. Schelten Sie sich nicht selbst. Fragen Sie sich nicht, »Warum bin ich bloß so doof oder so ein Versager?«, sondern besser, »Kann man es auch anders machen?«

Fehler zeigen uns, dass es auch noch eine andere Möglichkeit geben muss. Thomas Edison hat vermutlich 1600 Experimente ohne Ergebnis durchgeführt, bevor er die Glühbirne erfand. Als ein Freund ihn einmal fragte, warum er so viel Zeit auf dieses Vorhaben vergeude, ohne zu einem Ergebnis zu kommen, antwortete Edison: »Natürlich komme ich zu einem Ergebnis. Ich kenne inzwischen 1600 Möglichkeiten, wie es nicht funktioniert!«

Und dennoch haben so viele ewige Aufschieber so große Angst davor, Fehler zu machen und etwas nicht so gut auszuführen, wie sie es ihrer Meinung nach sollten oder möchten, dass sie es lieber gar nicht erst anpacken. Sie können zulassen, dass eventuelle Fehler Sie zu einem ängstlichen Aufschieber machen, oder aber Sie zerstreuen Ihre Ängste, indem Sie Fehler als kleine Pannen akzeptieren. Diese Pannen zeigen auf, wann man den Kurs oder die Geschwindigkeit ändern, eine neue Richtung einschlagen oder alles noch einmal neu überdenken muss.

Angst vor dem Erfolg

Diese Angst ist eine der subtilsten Ursachen für das Aufschieben. Es gibt Leute, die glauben (ob bewusst oder unbewusst sei dahingestellt), Erfolg habe einen negativen Beigeschmack. Sie sind der Meinung, erfolgreiche Menschen müssten egoistisch, oberflächlich, materialistisch, arrogant und so weiter sein. Andere befürchten, mit dem Erfolg kämen Erwartungen auf einen zu, die man immer weiter erfüllen muss, oder man müsse dann in allen Unternehmungen erfolgreich sein.

Wenn Sie vermuten, mit dem Aufschieben Ihre Erfolge zu »sabotieren«, fragen Sie sich: »Was würde geschehen, wenn …?« Wiederholen Sie die Frage immer wieder, bis Sie zum Kern des Problems vorgedrungen sind. Denken Sie dabei an folgende Unterhaltung, die ich einmal mit einer Kollegin führte, die einen in meinen Augen großartigen Kriminalroman angefangen hatte. Zu dieser Zeit hatte sie mit dem Schreiben aufgehört, und obwohl sie beteuerte, das Buch unbedingt zu Ende bringen zu wollen, hatte sie in zweieinhalb Jahren kein einziges Wort mehr zu Papier gebracht.

»Was würde geschehen, wenn du weiterschreiben würdest?«, fragte ich sie.

»Ich würde das Buch sehr wahrscheinlich zu Ende schreiben.«

»Und was würde geschehen, wenn du das Buch zu Ende geschrieben hast?«

»Ich würde wahrscheinlich einen Verlag suchen. Alle finden es toll.«

»Was würde geschehen, wenn es verlegt wird?«

»Es könnte ein Bestseller werden.«

»Was würde geschehen, wenn es tatsächlich ein Bestseller wird?«

»Ich würde vermutlich eine ganze Stange mehr Geld verdienen als jetzt.«

»Was würde geschehen, wenn du viel mehr Geld verdienen würdest?«

»Hm, nun, hm, ich glaube, ich bin nur noch verheiratet, weil ich mich und die Kinder mit dem, was ich verdiene, nicht durchbringen kann. Wenn ich mehr Geld hätte …«

An diesem Punkt wurde ihr klar, dass sie sich noch eine Menge weiterer Gewissensfragen stellen musste. Hielt sie an ihrer Ehe nur noch fest, weil sie die finanzielle Unterstützung ihres Mannes brauchte? Oder wollte sie etwas dafür tun, ihre Ehe zu retten? Als sie erst einmal die Wurzel ihrer Ängste erkannt und sich einige wichtige Fragen beantwortet hatte, konnte sie sich auch wieder hinsetzen und an ihrem Roman weiterschreiben.

Diese Variante der Angst vor Erfolg kann dann plötzlich auftauchen, wenn Sie etwas Neues ausprobieren und damit ausgesprochen großen Erfolg haben. Das erlebte auch Patricias Sohn Connor. Er war immer ein durchschnittlicher Schüler gewesen, doch als er in der siebten Klasse sein erstes Zeugnis bekam, war er selbst erstaunt, dass er zum ersten Mal Klassenbester war. Er zeigte seiner Mutter das Zeugnis nicht mit einem Lächeln im Gesicht, sondern eher mit Besorgnis, und sagte zu ihr: »Erwarte bitte nicht, dass ich das wieder schaffe.«

Diese Angst überfällt Erwachsene und Kinder gleichermaßen. Lassen Sie sich von ihr abhalten, sich nach besten Kräften anzustrengen?

Angst vor Veränderung

Angst vor Veränderung ist natürliche Besorgnis in extremer Ausprägung. Veränderung ist eine der Hauptursachen von Stress, und vielen von uns kommt es so vor, als würden sich sämtliche Bereiche unseres Lebens fast täglich verändern. Fast niemand mag dauernde Veränderungen in seinem Leben, also zögern manche Menschen den nächsten Schritt in der Hoffnung hinaus, bedrohlich erscheinende Veränderungen umgehen zu können.

Curt ist dafür ein Musterbeispiel. Er arbeitete in einer Fabrik, hatte gern mit Computern zu tun und fing daher an, Computer-Abendkurse zu belegen. Er wollte in die Computerbranche wechseln, aber als es an der Zeit war, einen Lebenslauf zu schreiben und Kontakte zu knüpfen, schob er es immer wieder hinaus. Er befürchtete, in einem stickigen Büro arbeiten zu müssen, womöglich noch mit arroganten Kollegen in dreiteiligen Anzügen, und keine Zeit mehr für seinen Lieblingssport Bowling zu haben.

Nachdem er sich seine Ängste klargemacht und sich mit ihnen auseinander gesetzt hatte, begab er sich nachhaltig auf Jobsuche und bekam genau den Job in der Computerbranche, der ihm Spaß macht. Seine alten Freundschaften pflegt er weiter, mit den neuen Kollegen kommt er bestens aus, er geht nach wie vor gerne zum Bowling, und, für ihn das Beste daran, er muss nicht im Anzug zur Arbeit. Nachdem er seine Ängste genau kannte, konnte er den Mut fassen, seine Pläne in die Tat umzusetzen.

Angst vor zu viel Verantwortung

Diese Angst hält Menschen davon ab, sich selbst zu Bestleistungen zu motivieren. Rachel hat genau wie Steve Angst vor zu viel Verantwortung. Rachel redet schon seit über drei Jahren davon, einen Newsletter für ihren Berufsverband herauszugeben. Aber sie hat Angst, nach dem Erscheinen der ersten Ausgabe vielleicht nicht in der Lage zu sein, regelmäßig weitere Ausgaben zusammenzustellen, also tut sie lieber gar nichts.

Steve redet oft davon, dass er gerne eine Kindermannschaft trainieren würde, macht sich aber viel zu viele Gedanken darüber. »Was ist, wenn mich die Eltern nicht unterstützen? Was passiert, wenn ich mit den Kindern überfordert bin?« Die Antworten wird er erst erfahren, wenn er es versucht, doch das schiebt er immer wieder auf. Dabei vergibt er die Chance, gemeinsam mit seiner Tochter etwas Positives zu erleben, und den Kindern gehen die Talente eines großartigen Kumpels, der immer für einen Spaß zu haben ist, verloren.

Angst vor Gefühlen

Wer unter dieser Angst leidet, schiebt Dinge nicht aufgrund der momentanen Gefühlslage auf, sondern wegen der Sorge, wie man sich *vielleicht* nach einer bestimmten Aktion fühlen könnte. Man will sich nicht ärgern, keinen Anlass zu Schuldgefühlen oder irgendwelchen anderen unangenehmen Emotionen haben.

Marion zum Beispiel hat seit längerem Probleme mit ihrer Mitbewohnerin Nancy. Sie hat sich vorgenommen, das Thema mit Nancy zu besprechen, findet aber nie den passenden Zeitpunkt dazu. Seit Wochen hat sie schon Magenbeschwerden, weil sie es immer wieder aufschiebt, anstatt eine Konfrontation mit Nancy in Kauf zu nehmen.

Genau wie Marion will auch Tim keine starken Emotionen auslösen. Lieber plagt er sich mit Liquiditätsproblemen seiner Firma herum, als seinen säumigen Kunden Druck zu machen, weil er vielleicht Schuldgefühle haben oder sich unmenschlich vorkommen würde, wenn er sie anruft und um das Geld bittet, das sie ihm schulden.

Wenn Sie etwas aufschieben, weil Sie eventuell daraus resultierende Emotionen scheuen, sollten Sie sich vor Augen führen, welche Gefühle Sie momentan wegen des dauernden Aufschiebens selbst durchmachen. Wie bereits in Kapitel 1 besprochen, ist es für Sie emotional belastender, etwas besonders Unangenehmes aufzuschieben, als die Flucht nach vorne anzutreten und die Aufgabe auszuführen.

Angst vor dem Fertigwerden

Es kommt auch vor, dass jemand Angst hat, die nächste furchtbare Arbeit könnte auf ihn zukommen, sobald er mit der aktuellen fertig ist. Da erscheint es nur zu verständlich, wenn man diese so lange wie nur irgend möglich hinauszögert.

Rory lernte diese Angst kennen, als er sein Schlafzimmer renovierte. Er riss die alte Tapete von der Wand und kaufte eine schöne neue. Vier Monate später war das Schlafzimmer noch immer ein Chaos und die Arbeit erst zur Hälfte getan. Es hätte gar nicht mehr so viel Zeit in Anspruch genommen, die Sache zu Ende zu bringen, doch im Unterbewusstsein sträubte er sich dagegen, damit fertig zu werden, weil er das nächste Projekt nicht in Angriff nehmen wollte.

Manchmal haben Menschen auch Angst davor, eine Arbeit zu Ende zu bringen, weil sie bequem geworden ist oder ihrem Leben einen gewissen Sinn gibt. Wenn ein Projekt enden muss, man sich das aber nicht vorstellen mag, ist es ziemlich einfach, sich im Schneckentempo zu bewegen. Carol, Angestellte in der Stadtverwaltung, erinnert sich an die Zeit, als sie ein örtliches Telefonverzeichnis mit Servicenummern zusammenstellte. Inzwischen weiß sie, dass es ihr großen Spaß gemacht hatte, die ganzen Dienstleistungsunternehmen im Ort anzusprechen, sich die Art ihrer Leistungen erklären zu lassen und diese für das Verzeichnis kurz darzustellen. Die Begeisterung für das Projekt gab ihr viel Energie, und sie hasste die Vorstellung, dass es irgendwann zu Ende sein würde. Also begann sie (natürlich nicht bewusst), manches zu verzögern und langsamer anzugehen. Als ihr die Situation bewusst wurde, setzte sie sich ein Zeitlimit, um das Verzeichnis so schnell wie möglich fertig zu stellen. Wenn sie sich wieder beim Trödeln ertappte, setzte sie sich für jeden fertigen Abschnitt selbst eine Belohnung aus, wie zum Beispiel mittags mit Freunden essen gehen. Da sie mittlerweile die Probleme kennt, die sich aus der Angst vor dem Fertigwerden ergeben können, gibt Carol diese Erfahrungen bei der Einweisung neuer Kollegen stets weiter.

Um Angst vor dem Fertigwerden handelt es sich auch bei der Befürchtung, die fertige Arbeit könne nicht gut genug oder sogar enttäuschend sein. Kevin baut seit Jahren im Keller ein Boot. Freunde hänseln ihn immer wieder damit, es sei zu groß und werde, wenn es fertig ist, nicht mehr durch den Türstock passen. Doch obwohl sie das nur spaßeshalber sagen, kann Kevin sich nicht mehr aufraffen, an diesem Boot weiterzuarbeiten. Vielleicht hat er keine Angst vor dem Fertigwerden, sondern nur die Begeisterung verloren. Vielleicht will er auch kein selbst gebautes Boot mehr haben, in diesem Fall wäre es an der Zeit, sich nach einem Abnehmer umzusehen. Wenn er aber nur nicht weitermacht, weil er Angst hat, das Boot könnte seinen Erwartungen nicht entsprechen, sollte er sich einmal darüber Gedanken machen, ob er nicht ein übertriebener Perfektionist ist. Es könnte sein, dass eine Änderung seiner Einstellung hilft. Wie dem auch sei, Kevin muss erkennen, dass er die Wahl hat, er kann sich dazu entscheiden, das Boot fertig zu machen oder es wegzugeben.

Wenn wir uns für ein Projekt entschieden haben, haben wir in den allermeisten Fällen auch die Energie, es zu Ende zu führen.

Angst vor Ablehnung

Wir alle sind anfällig für die Angst vor Ablehnung. Wir neigen dazu, eine Ablehnung persönlich zu nehmen, als Beweis dafür, dass wir mit einem Makel behaftet oder nicht perfekt sind. Aber jeder von uns hat seine Schwachstelle.

Sagt jemand »nein« beim Verkaufsgespräch oder zu einer Einladung, hören wir das nicht im Sinne von »Nein, ich möchte Ihr Produkt nicht kaufen« oder »Nein, ich kann am Samstag nicht mit dir weggehen«. Vielmehr kommt es bei uns an als »Nein, mit dir möchte ich nichts zu tun haben, du armseliger, kleiner Wurm«. Craig, der für eine Personalvermittlung Verträge abschließt, tat früher so gut wie alles, um keine Anrufe machen zu müssen, weil er nie wusste, wie er vor sich selbst damit umgehen sollte, wenn sein Angebot abgelehnt wurde. Nun hat er neben dem Telefon ein Schild aufgestellt, auf dem in riesigen Buchstaben »der Nächste« steht, und er hat sich angewöhnt, bei jedem Nein, das er zu hören bekommt, zu sich selbst »der Nächste« zu sagen und eine neue Nummer zu wählen.

Die Art, wie wir selbst mit uns sprechen, kann uns helfen, Aufgaben, Entscheidungen und Beziehungen nicht mehr hintanzustellen, nur weil wir Angst haben, irgendjemand könnte uns irgendwie einen Makel anhängen.

Angst vor falschen Entscheidungen

Haben Sie schon einmal jemanden, vielleicht sogar sich selbst, mit Bedauern sagen hören: »Ich habe es immer noch nicht geschafft, diesen alten Dingsda hinauszuwerfen und einen neuen zu kaufen … mir einen anderen Job zu suchen … abzunehmen … einen alten Freund zu besuchen … mit dem Rauchen aufzuhören« … und so weiter? Oft ist das Problem nicht das Tun als solches, sondern die *Entscheidung* dafür zu treffen.

Entscheidungen zu treffen treibt manche Menschen zur Verzweiflung. Ist die Entscheidung getroffen, funktionieren sie bestens, sie packen es an und tun, was zu tun ist. Ist es aber Zeit, sich für etwas zu entscheiden, sind sie mit unzähligen anderen Dingen so sehr beschäftigt, dass die anstehende Entscheidung erst einmal aus ihrem Kopf verdrängt wird. Entscheidungen zu treffen bringt manche Menschen zum völligen Stillstand. Ich habe mir schon oft gedacht, dass ein hellsichtiger Unternehmer es mit der Eröffnung einer Entscheidungsfindungsfirma zum Millionär bringen könnte. »Das haben wir gleich, Freunde. Sagt mir, welche Entscheidung ihr treffen müsst, zahlt mir ein kleines Vermögen, und ich sage euch, was passieren wird. Ich entscheide für euch.«

So manchem von uns wäre nichts willkommener als jemand, der für uns die Entscheidungen trifft, nur leider können die meisten unserer Entscheidungen nur von uns selbst getroffen werden.

Wenn wir große Angst davor haben, vielleicht eine falsche Entscheidung zu treffen, schieben wir alles so lange hinaus, bis wir sicher sind, uns hundert Prozent korrekt zu entscheiden.

Meist werden Menschen, die in einem Entscheidungsprozess nicht von der Stelle kommen und absolut keinen Beschluss über etwas fassen können, unruhig und frustriert. Während einer Diskussion in einem meiner Seminare sagte Josephine: »Ich treffe lieber eine falsche Entscheidung, als permanent unentschlossen zu sein, denn dann kreisen meine Gedanken nur noch um dieses Thema und ich kann mich auf nichts anderes mehr konzentrieren.«

Ein anderer Teilnehmer, Tony, erzählte der Gruppe: »Als ich mit meinem ewigen Aufschieben den Gipfel erreicht hatte, schlug ich die entgegengesetzte Richtung ein. Ich verdrängte die Entscheidung aus meinem Kopf und sagte mir, ›versuche später zu entscheiden‹. Inzwischen befolge ich den weisen Rat meines Lieblingsphilosophen Yoda aus dem Film *Das Imperium schlägt zurück*: »Tu es oder tu es nicht, es gibt kein Versuchen.« Früher lag mir ein Kloß im Magen, wenn ich unentschlossen war, am schlimmsten war es vor dem Einschlafen. Dieser Kloß ist nun verschwunden, richtig oder falsch, Entscheidungen werden nun sofort gefällt und nicht auf später verschoben.«

Vielleicht haben Sie weniger Angst vor der falschen Entscheidung als davor, mit den Konsequenzen leben zu müssen. Aber nicht alle Entscheidungen sind für die Ewigkeit. Manche ja, aber die meisten Entscheidungen sind reversibel, vor allem wenn Sie während des Entscheidungsprozesses auch bedenken, dass Sie später noch die Möglichkeit haben möchten, etwas zu ändern.

Kortenay schob längere Zeit den Kauf eines neuen Sofas vor sich her. In den fünf Jahren seit ihrer Hochzeit lebte sie nun schon mit einem alten Sofa, das Bekannte ausrangiert hatten. Sie und ihr Mann hatten auf ein neues gespart, sie hatte sich in verschiedenen Geschäften umgesehen und Form, Bezug und Farbe für ein Sofa ausgesucht, das speziell nach ihren Wünschen angefertigt wurde. Nun musste sie es nur noch bestellen. Acht Monate vergingen. Doch kein Drängen und kein Aufmuntern brachte sie zum Handeln. Irgendetwas an der Bestellung dieses individuell für sie angefertigten Sofas jagte ihr tief in ihrem Innersten Angst ein.

Nachdem ich mich länger mit ihr unterhalten hatte, wurde mir klar, dass Kortenay nur wenig Erfahrung im Kauf von Möbeln hatte und einige ihrer Errungenschaften in ihren Augen Fehlkäufe waren. Ihr Mann überließ sämtliche Entscheidungen ihr, fand aber im Nachhinein manche ihrer Käufe nicht gut und kritisierte daran herum.

Auf Bestellung angefertigte Möbel mögen für andere gut sein und vielleicht auch für Kortenay, wenn sie auf diesem Gebiet mehr Erfahrung und Selbstvertrauen hat, doch zu diesem Zeitpunkt war sie besser beraten, das Sofa in einem Geschäft zu kaufen, in dem ein Umtausch jederzeit möglich ist. Als ihr das klar wurde, war mit dem Aufschieben Schluss. Sie fand ein ganz ähnliches Sofa wie das, das sie eigentlich bestellen wollte, und ließ es anliefern. Nach einer Woche stellte sich heraus, dass es ihnen beiden überhaupt nicht mehr gefiel. Sie gaben es zurück, suchten sich ein in Form und Bezug leicht abgewandeltes Modell aus und sind damit jetzt sehr glücklich.

Wie Kortenay scheute sich auch Ken vor der falschen Entscheidung. Er wollte in einen Investmentfonds investieren, hatte aber Angst, sich für den falschen zu entscheiden. Also tat er nichts, und das über Jahre. Schließlich fand er einen Weg, aus seiner Trägheit herauszukommen. Auf der Suche nach dem richtigen Fonds nahm er als Ausgangspunkt, wie viel es ihn kosten würde, die Anteile wieder zu veräußern. War ein prozentualer Anteil festgelegt, rechnete er die genauen Kosten aus. Dann entschloss er sich für eine in seinen Augen vernünftige Investition, bei der er wusste, dass er sein Geld, falls die Umstände sich ändern sollten, zu vergleichsweise geringen Kosten herausnehmen konnte.

Alberto schob es immer wieder hinaus, einige Promotionartikel auszuwählen, mit denen er Werbung für seine beiden Fitness-Studios machen wollte. Er sprach mit Lieferanten, sah Dutzende von Katalogen durch und begutachtete auf einer Fachmesse Hunderte von Werbeartikeln. Aber Alberto hatte Angst, eine kostspielige Fehlentscheidung zu treffen und möglicherweise auf Tausenden nutzloser Giveaways sitzen zu bleiben, also zögerte er die Aktion monatelang hinaus. Schließlich rang er sich durch, lediglich 300 Schlüsselanhänger zu bestellen und auf die Gelegenheit zu verzichten, 2000 zu einem wesentlich günstigeren Stückpreis zu ordern. Einen Monat später wusste er, dass das Produkt nicht so gut ankam, wie er gehofft hatte, aber diese Erkenntnis gab ihm den Wink zu einer besseren Lösung. Nun verschenkt er kleine Taschenlampen-Schlüsselanhänger, die seine Kunden so gut finden, dass sie sie tatsächlich mit sich herumtragen. Damit bekommt Alberto nun die Werbung, auf die er es abgesehen hatte.

Falls Sie eine Entscheidung vor sich herschieben, weil sie irreversibel ist (oder scheint), sollten Sie versuchen, sich etwas Druck zu nehmen. Vielleicht gibt es eine Umtauschmöglichkeit oder eine Stornierungsklausel, vielleicht können Sie eine kurzfristige Bedenkzeit aushandeln, eine kleinere Menge bestellen oder sich irgendeinen anderen Ausweg offen halten, falls sich die Entscheidung nicht als glücklich erweisen sollte.

Wie Ihnen eigene Recherchen und Berater im Entscheidungsprozess helfen können

Zuweilen haben Menschen nur Angst vor einer Entscheidung, weil sie nicht über genügend Informationen verfügen. Sie fühlen sich dumm, unfähig oder ohne den richtigen Einblick. Sie wissen ganz genau, dass sie zum Arzt gehen sollten, haben aber keine Ahnung, wie sie den richtigen finden können. Oder den richtigen Anwalt, Bauunternehmer, Finanzberater, Handwerker, das richtige Auto oder was immer sie sonst brauchen. Sie glauben, andere wüssten immer genau, an wen man sich wenden muss, doch ihnen selbst fehle die nötige Sachkenntnis.

Die Lösung für dieses Dilemma heißt Recherche oder sich einen Berater suchen. Nehmen wir einmal beides zusammen. Mit Recherche meine ich nicht, stundenlang über Statistiken zu brüten, sondern Freunde und Bekannte zu befragen, die das, was Sie vorhaben zu kaufen, auch schon einmal gekauft haben oder beruflich in dem Umfeld zu tun haben, um das es bei Ihnen geht. Sie werden überrascht sein, wie bereitwillig Ihnen die meisten Rat und Hilfe anbieten (und wie geschmeichelt sie sich fühlen werden).

Verkäufer des gesuchten Produktes können bei Ihren Recherchen eine große Hilfe sein. Wenn Sie zum Beispiel einen Computer kaufen wollen, gehen Sie am besten in mehrere Läden und lassen sich in jedem die Eigenschaften der verschiedener Rechner ausführlich erklären. Falls die Verkäufer Sie zum Kauf drängen, sagen Sie Ihnen die Wahrheit, nämlich dass Sie erst einmal verschiedene Angebote vergleichen und noch in einige andere Geschäfte gehen möchten, aber vielleicht wiederkommen. Nach dem dritten Laden können Sie bereits eine Menge intelligenter Fragen stellen, Sie haben eine konkrete Vorstellung, was Sie brauchen und was nicht, und fühlen sich so gut informiert, dass Sie eine kluge Entscheidung treffen können, die Sie vielleicht in weitere Geschäfte führt oder zurück in eines der bereits besuchten.

Genauso geht es, wenn Sie zu Hause oder im Büro etwas in Auftrag geben. Machen Sie Termine mit Repräsentanten verschiedener Firmen, und lassen Sie sich kostenlose Angebote erstellen. Falls Sie jemand dazu drängen will, möglichst schnell einen Vertrag zu unterzeichnen, erwidern Sie, dass Sie erst die Preise vergleichen und noch mit einigen anderen Leuten sprechen möchten, aber später vielleicht auf diese Firma zurückkommen. Auch hier lernen Sie in jedem Gespräch etwas dazu, können an den richtigen Stellen nachhaken und bekommen vielleicht sogar einen besseren Preis.

Es kann Ihnen durchaus passieren, dass Sie bei den Recherchen nach einem »Wunschtraum« oder der richtigen Lösung für ein Problem erstaunt feststellen, wie erschwinglich es ist. Gisela hasste die hässlich grüne, altmodische Theke in ihrer Küche, dachte aber, ein Umbau würde einige tausend Euro kosten. [Anmerkung der Übersetzerin: Für die deutschen Leser werden nicht US-Dollar-, sondern Euro-Beträge genannt.] Nachdem sie sich in einigen Geschäften umgesehen hatte, baute sie (mit Hilfe ihres Bruders) eine schöne neue Abdeckplatte ein, die weniger kostete als der auch schon günstige Fernseher, den sie im Jahr zuvor für die Küche angeschafft hatte. Man erfährt allerhand Neues, wenn man solche Recherchen betreibt, und Sie werden sehen, dass es sogar richtig Spaß machen kann.

Und ein Berater? Damit meine ich nicht, dass Sie ein Vermögen für eine Beratungsfirma ausgeben sollten. Rufen Sie lieber einen Bekannten an, der in dem Bereich, der für Sie von Interesse ist, arbeitet oder sich gut auskennt. Fragen Sie ihn, ob er Zeit hätte, Ihnen einige Ratschläge zu geben, oder noch besser, bitten Sie ihn, Sie beim Einkaufen zu begleiten. Ist Ihnen diese Bitte unangenehm, bieten Sie Ihrem Berater als Entschädigung eine Esseneinladung, einen Gefallen Ihrerseits oder irgendetwas anderes an, das sich dafür eignet.

Peggy brauchte ein neues Auto, scheute sich aber vor dem Besuch in Autohäusern, weil sie sich mit der Materie überhaupt nicht auskannte. Ich schlug ihr vor, sich einen Berater zu suchen, einen Freund, der mit Autos Bescheid weiß und Spaß daran hat, und sich gemeinsam mit ihm umzusehen. Sie hatte einen Bekannten, der dafür in Frage kam, doch sie traute sich nicht ihn zu fragen, weil sie Angst hatte, sich lächerlich zu machen.

Das sehe ich aber ganz anders. Niemand kann über alles gleich gut Bescheid wissen. Jeder von uns kennt sich auf dem einen oder anderen Gebiet überhaupt nicht aus. Das heißt aber nicht, dass wir dumm sind, sondern ganz einfach, dass wir über keine Kenntnisse auf einem ganz speziellen Gebiet verfügen. Ich halte es für einen intelligenten Akt, jemanden um Rat zu fragen, der sich auf einem Gebiet, auf dem ich unbedarft bin, gut auskennt, und so eine gute Entscheidung treffen zu können.

Eileen, Eigentümerin eines Campingplatzes, hatte überhaupt keine Scheu, sich einen Berater zu suchen. Sie hatte sogar mehrere. Ihr war klar, dass sie ihre Software aktualisieren musste, wenn sie ihr Geschäft besser organisieren wollte, schob es aber immer wieder hinaus und plagte sich mit den alten, ungeeigneten Programmen herum. Sie wusste nicht, was sie genau brauchte, also begann sie sich umzuhören, und gleich mehrere Freunde standen ihr mit Rat und Tat zur Seite, um das Richtige zu finden. Ein Freund begleitete sie in den Computerladen, und gemeinsam hatten sie richtig Spaß dabei, die neueste Software auszuprobieren. Dank ihrer Berater kam Eileen schließlich zu genau der Lösung, die ihren Bedürfnisse entsprach.

Je intensiver Sie sich mit einer Materie auseinander setzen und je mehr Erfahrung Sie im Laufe eines Entscheidungsprozesses sammeln, um so zuversichtlicher werden Sie Ihre Entscheidungen treffen. Und mit wachsender Zuversicht nimmt die Angst vor Entscheidungen ab. Es mag Zeiten geben, in denen Sie sich vom dauernden Entscheiden »ausgebrannt« fühlen, dann ist es an der Zeit, sich eine Pause zu gönnen. Doch dabei handelt es sich um ein bewusstes Aussetzen und nicht um das Aufschieben oder Vermeiden von Entscheidungen aus Angst.

Bestimmten Entscheidungen Vorrang einräumen

Manchmal müssen Sie bestimmten Entscheidungen Vorrang einräumen, sei es, weil zu viele anstehen, um die Sie sich nicht gleichzeitig kümmern können, sei es, dass Sie nicht Energie im Wert von 1000 Euro für eine Entscheidung im Wert von 10 Euro einsetzen wollen.

Therese verbrachte zum Beispiel Wochen damit, einen Videorekorder für 300 Euro zu kaufen, verlor gleichzeitig aber 2000 Euro mit Wertpapieren, denen sie zu wenig Aufmerksamkeit oder Zeit gewidmet hatte. Je gewichtiger oder kostspieliger eine Entscheidung ist, umso mehr Aufmerksamkeit und Energie verdient sie auch. Therese muss darauf achten, Prioritäten zu setzen, wenn bestimmte Entscheidungen anstehen.

Welche Folgen es haben kann, eine Entscheidung nicht zu treffen

Es heißt immer, sich nicht zu entscheiden ist schon eine Entscheidung. Das ist wahr, und es kann ein großer Fehler sein.

Viele Leute glauben, ihr Leben wird einfacher, wenn sie Entscheidungen vertagen. So investieren sie ein Vermögen in die Reparatur eines uralten Autos, weil ihnen der Gedanke an den Entscheidungsprozess beim Kauf eines Neu- oder Gebrauchtwagens absolut zuwider ist. Sie leben nicht etwa mit zusammengeflickten oder notdürftig reparierten Gegenständen, die nie richtig funktionieren, weil sie sich etwas Neues nicht leisten könnten, sondern weil sie sich nicht dazu durchringen können, einkaufen zu gehen. Sie träumen seit Jahren von einem Urlaub, fangen aber nie an, Geld dafür zur Seite zu legen oder konkrete Pläne zu schmieden. Sie hören nicht auf zu rauchen, zu trinken, Drogen zu konsumieren oder zu spielen, sie laufen weiterhin mit Übergewicht herum oder bleiben in einer destruktiven Beziehung, weil sie nie den Entschluss fassen, Beratung oder eine andere Form der Hilfe in Anspruch zu nehmen.

Wenn sie ein gewisses Alter erreicht haben, tut es ihnen dann Leid, ihre Fähigkeiten nie besser genutzt zu haben oder sich nie dafür eingesetzt zu haben, den Traum von einem besseren Leben für sich oder ihre Familie zu realisieren. Sie fragen sich, was schief gelaufen ist, und bemerken nicht, dass sich der Mangel an Entschlussfähigkeit irgendwann einmal rächt. Die meisten Menschen halten sich nicht allzu lange damit auf, falsche Entscheidungen zu bedauern, aber sie bedauern zutiefst jene Entscheidungen, die sie nie getroffen haben.

»Wie kann ich Ängste überwinden?«

Es gibt so viele verschiedene Ängste, dass wir sie in diesem Kapitel nicht alle einzeln ansprechen können, doch ich kann Ihnen einige Tipps geben, mit denen Sie die meisten Ängste, die Sie zum Aufschieben veranlassen, überwinden können. Sie müssen sich dazu zwei Fragen stellen und auch ganz ehrlich beantworten.

Die erste Frage lautet: »Wovor habe ich Angst?« Die Angst einfach nur zu identifizieren, ihr einen Namen zu geben, nimmt ihr oft schon die Macht über Sie.

Als Zweites sollten Sie sich fragen: »Was kann im allerschlimmsten Fall passieren, wenn sich meine ärgsten Befürchtungen bewahrheiten sollten?« Nehmen wir zum Beispiel einmal an, jemand weist Sie mit den Worten zurück: »Nein, ich würde Ihr Produkt nicht kaufen, und wenn es mich mein Leben kosten würde.« Sicher, das würde Sie verletzen, aber würden Sie es überleben? Natürlich würden Sie das. Was kann schon geschehen, wenn Sie einen Fehler machen, vor anderen dumm dastehen oder die falsche Entscheidung treffen? Das ist Ihnen schon passiert und wird Ihnen auch in Zukunft passieren. Man fühlt sich elend, aber es bringt einen nicht um. Wovor Sie auch Angst haben mögen, treiben Sie diese Angst auf die Spitze, malen Sie sich den schlimmsten Fall aus, der eintreten könnte. Sie würden lebend daraus hervorgehen, oder etwa nicht? Manchmal fühlen Sie sich im schlimmsten anzunehmenden Fall noch immer nicht so mies, wie Sie sich fühlen, wenn Sie dauernd etwas Bestimmtes vor sich herschieben.

Haben Sie Ihrer Angst erst einmal einen Namen gegeben und sich ihr gestellt, haben Sie diese Angst ins Extrem gesteigert und festgestellt, Sie werden dabei nicht umkommen und vielleicht sogar daraus lernen, können Sie sich von der Stelle bewegen und in Angriff nehmen, was auch immer Sie auf die lange Bank geschoben haben – und Ihr Leben wieder selbst in die Hand nehmen.

ZUM NACHDENKEN

Perfektionismus ist NICHT die Suche nach dem Besten. Er ist das Streben nach dem Schlimmsten in uns selbst, dem Teil, der uns sagt, nichts von dem, was wir tun, wird jemals gut genug sein – dass wir es wieder versuchen sollten.
Julia Cameron

Ein Mann würde nichts tun, würde er warten, bis er es so gut zu tun vermag, dass niemand etwas daran auszusetzen haben könnte.
Verfasser unbekannt

Wenn du es auf Perfektion abgesehen hast, wirst du feststellen, sie ist ein bewegliches Ziel.
George Fisher

Es gibt nicht die perfekte Zeit zum Schreiben. Es gibt nur jetzt.
Barbara Kingsolver

GEDANKEN ZUM ÜBERWINDEN VON ÄNGSTEN

Wir sollten uns von unseren Ängsten nicht davon abhalten lassen, für unsere Hoffnungen zu arbeiten.
John F. Kennedy

Wenn uns etwas Angst macht, ist das die eindeutige Aufforderung, genau das als Nächstes anzupacken.
Ralph Waldo Emerson

Niemand ist beklagenswerter als jener Mensch, dem nichts so sehr zur Gewohnheit geworden ist wie die Unentschlossenheit.
William James

GEDANKEN ÜBER ENTSCHEIDUNGEN

Sicherheit ist meistens ein Aberglaube. In der Natur existiert sie nicht. Das Leben ist ein mutiges Abenteuer oder nichts.
Helen Keller

Ob richtig oder falsch, Erleichterung findest du nur durch Entscheidung.
Thornton Burgess

In jedem Moment der Entscheidung
ist das Beste, was du tun kannst, das Richtige;
das Zweitbeste, was du tun kannst, das Falsche;
das Schlimmste, was du tun kannst, NICHTS.
Teddy Roosevelt

FLEISSAUFGABEN

1. Tragen Sie in die linke Spalte die fünf wichtigsten Dinge ein, die Sie in Ihrer momentanen Lebensphase aufschieben.

________________	________________
________________	________________
________________	________________
________________	________________

2. Ordnen Sie in der rechten Spalte die Angst zu, die Sie hemmt.

3. Welche Ängste veranlassen Sie ganz allgemein zum Aufschieben? Tragen Sie sie hier ein.

____

____

4. Nehmen Sie Ihre »Hitliste« mit allem, was Sie vor sich herschieben, zur Hand, und wählen Sie die zehn Punkte aus, die Sie am dringendsten erledigen möchten.

- Sind es andere als die eben aufgeschriebenen fünf?
- Inwieweit spielt Perfektionismus beim Aufschieben dieser Dinge eine Rolle? Warten Sie schon seit längerem auf den perfekten Zeitpunkt oder die perfekten Umstände?

WENN ICH MEIN LEBEN NOCH EINMAL LEBEN MÜSSTE

Geschrieben von Nadine Stair aus Louisville, Kentucky, im Alter von 58 Jahren

Nächstes Mal würde ich mich trauen, mehr Fehler zu machen. Ich wäre entspannter. Ich wäre lockerer. Ich wäre dümmer, als ich auf dieser Reise war. Ich würde nicht alles so ernst nehmen. Ich würde mehr Möglichkeiten nutzen. Ich würde mehr Reisen machen. Ich würde auf mehr Berge steigen und in mehr Flüssen baden. Ich würde mehr Eis essen und weniger Bohnen. Ich hätte vielleicht mehr echte Sorgen, aber nicht so viele eingebildete.

Man sieht, ich gehöre zu den Leuten, die vernünftig und normal leben, Stunde um Stunde, Tag um Tag. Gewiss, ich hatte auch meine Momente, und wenn ich noch einmal von vorne anfangen müsste, hätte ich sie öfter. Ja, ich würde versuchen, nichts anderes mehr zu haben. Nur Momente. Einen nach dem anderen, anstatt so viele Jahre lang jeden Tag vorauszunehmen. Ich gehöre zu den Leuten, die keinen Schritt machen, ohne ein Thermometer, eine Thermosflasche, einen Regenmantel und einen Fallschirm einzupacken. Wenn ich noch einmal von vorne anfangen müsste, würde ich mit leichterem Gepäck reisen.

Müsste ich mein Leben noch einmal von vorn beginnen, würde ich im Frühjahr früher und im Herbst länger barfuß laufen. Ich würde öfter tanzen gehen. Ich würde öfter Karussell fahren. Ich würde mehr Gänseblümchen pflücken.

5

»Ich will alles!«

Einer der Gründe, warum Menschen Dinge aufschieben, ist, so widersinnig sich das anhören mag, weil sie alles wollen. Und das gleichzeitig. Sie nehmen sich das Unmögliche vor.

Manche Ich-will-Alles-Aufschieber strotzen vor Energie und Ehrgeiz und werden dabei nicht unbedingt von monetären Erwägungen getrieben. Einige leben auf der Überholspur, andere kämpfen nach einem »Stellenabbau« ums Überleben und erledigen die Arbeit, die vorher zwei oder drei Leute gemacht haben.

Doch der Druck und die Hektik hörten bei den Ich-will-alles-Typen mit dem Verlassen des Arbeitsplatzes nicht auf. Sie haben zu Hause noch Berge abzuarbeiten und nehmen eine zum Bersten gefüllte Aktentasche mit.

Aber sie haben keine Zeit für die Familie.

Keine Zeit für Freunde.

Keine Zeit für nette Unternehmungen.

Keine Zeit zum Leben.

Ich habe eine nette Geschichte von einer Erstklässlerin gehört, die ihren Vater fragte, warum Mama immer so viel Arbeit vom Büro mit nach Hause bringt. Er erklärte ihr, dass Mama während ihrer Arbeitszeit nicht damit fertig wird. Die Sechsjährige fragte: »Warum kommt sie dann nicht in eine langsamere Klasse?«

Nun könnte es sein, dass es diese Möglichkeit einfach nicht gibt, aber man sollte sich einmal die Frage stellen, warum wir alle so wenig Zeit haben. Könnte es sein, dass keine Zeit haben ein modernes Statussymbol ist? (»Du sagst, *du* hast keine Zeit, dann lass mich mal erzählen, was *ich* alles um die Ohren habe.«) Haben Sie zu Weihnachten auch schon einmal einen dieser Briefe bekommen, in denen eine Familie sämtliche Aktivitäten der Kinder aufzählt, gefolgt von den Passagen über die Eltern, die mit den Worten »Auch er hat gut zu tun …« anfangen oder »Und ihr ist auch nicht gerade langweilig, weil …« Es hört sich fast so an, als sei keine Zeit haben das Synonym für Erfolg: »Ich sage dir, wie wenig Zeit ich habe, und du weißt, wie verdammt gut es mir geht.«

Gehören Sie auch zu den S.A.N.E.-Aufschreibern?

Manche Menschen schieben es immer wieder hinaus, bestimmte Aufgaben zu beginnen oder zu Ende zu bringen, weil sie sich permanent neuen Aktivitäten zuwenden. Sie verfügen über eine Mischung aus dem, was ich SUPER AUFMERKSAM und NATÜRLICH ENTHUSIASTISCH (=S.A.N.E.) nenne. Dieser Aufschieber-Typus stürzt sich mit Leib und Seele in ein interessantes Projekt und lässt sich mittendrin von etwas noch viel Aufregenderem weglocken.

Dottie, Generaldirektorin eines erfolgreichen Unternehmens, praktiziert diese Art des Aufschiebens. »Seit ich ein Kind war, hatte ich dieses aufgekratzte Interesse«, erzählt sie. »Ich schoss mich auf etwas ein, das mich interessierte, war total enthusiastisch und hatte für nichts anderes mehr Gehör. Begeisterte mich ein Lehrer, konnte ich mich nicht mehr losreißen. Wenn ich ein tolles Buch lese, existiert nichts anderes um mich herum mehr. Doch dann schlägt mich etwas Neues in Bann und zieht meine ganze, ungeteilte Super-Aufmerksamkeit auf sich, und ich vergesse völlig, womit ich vorher beschäftigt war. Die Folge ist Aufschieben.«

Super-Aufmerksamkeit kann Ihnen die Kontrolle über Ihr Leben entreißen. Sie haben zu viele (halb fertige) Projekte gleichzeitig laufen, weil Ihnen mitten in einer unglaublich interessanten Sache etwas anderes in die Quere kommt, das noch viel interessanter ist. Ihr Kalender ist voll mit Verabredungen, Besprechungen, Treffen, Partys und Kursen. Sie lesen in der Regel mehrere Bücher gleichzeitig. Vielleicht lassen Sie Fernseher und Radio nebeneinander laufen, während Sie arbeiten. In Unterhaltungen springen Sie meist schnell von einem Thema zum anderen und bringen keines richtig zu Ende. Dieses Verhaltensmuster resultiert in einem interessanten, aufregenden und ... kraftraubenden Leben.

Viele dieser »Überflieger« zeigen Symptome von Super-Aufmerksamkeit und natürlichem Enthusiasmus, und da ihr Interesse von einer Sache zur nächsten springt, führen sie viele Projekte und Vorhaben nicht zu Ende.

Aber Sie müssen keineswegs die Neugier und Begeisterung für

Neues ersticken, um ein bereits begonnenes Projekt abzuschließen. Setzen Sie sich zum Beispiel einen Zeitrahmen für die Beschäftigung mit der momentanen Aufgabe und stellen Sie sich einen Wecker. Oder nehmen wir an, Ihnen fällt während der einen Beschäftigung ein neues Projekt ein, dann setzen Sie diese neue Sache als Belohnung aus, wenn Sie mit der momentanen Arbeit fertig sind. Mit Hilfe dieser und weiterer Anti-Aufschiebe-Taktiken aus diesem Buch können Sie lernen, bei einer Sache zu bleiben oder bestimmte Projekte wieder aufzunehmen, anstatt sie fallen zu lassen, wenn etwas anderes Ihr Interesse gefangen nimmt.

VIER ERKENNUNGSMERKMALE VON S.A.N.E.-AUFSCHIEBERN

1. Wenn Sie sich auf eine Beschäftigung gestürzt haben, vergessen Sie alles andere um sich herum.
2. Sie greifen mitten in einer Beschäftigung zum Telefon oder fangen etwas anderes an.
3. Ihr Interesse ist oft flüchtig. Sie pflanzen zum Beispiel voller Begeisterung Gemüse im Garten an, doch zur Erntezeit ist das Interesse erloschen und Sie lassen alles auf den Beeten verrotten. Oder es gibt bei Ihnen im ganzen Haus verteilt viele halb fertige Heimwerker- und Hobbyarbeiten (oder unbenutzte Sportausrüstungen und Musikinstrumente).
4. Ihr Schreib- oder Esstisch ist mit allen möglichen Dingen übersät, aber Sie wissen genau, wo Sie in den Stapeln, Haufen und Schachteln etwas finden.

Zeit für ein Gespräch mit sich selbst

Wenn Sie auch zu den Ich-will-alles-Aufschiebern gehören, ist das Gespräch mit sich selbst eine wirkungsvolle Methode, es muss ja nicht unbedingt laut erfolgen. Immer wenn Sie in einen hohen Gang schalten, sagen Sie sich selbst, dass Sie nicht alles tun können. Es ist Zeit, eine Auswahl zu treffen, zu delegieren, zu streichen, zu straffen, die Schlachtfelder festzulegen, Prioritäten zu setzen. Sagen Sie zu sich: »Es ist wichtig, dieses Projekt fertig zu machen. Alles andere müssen wir bis dahin auf Eis legen.«

Als meine Kinder klein waren, war ich den ganzen Tag bei ihnen zu Hause, und wir hatten, wie die meisten Familien, die mit einem Gehalt auskommen müssen, sehr wenig Geld zur Verfügung. Wenn wir eine Rechnung nicht bezahlen konnten, machte mich das krank vor Angst und Sorge. Als unsere finanzielle Situation den absoluten Tiefpunkt erreicht hatte, las ich zufällig das Gedicht, das mir half, wieder mein Gleichgewicht zu finden (siehe Seite 109). Das Gedicht wurde ein fester Teil meiner Lebensphilosophie, und wenn die Rechnungen wieder einmal unsere momentanen Mittel überstiegen, nahm ich mir einen »freien Tag« im Zoo oder Museum, packte etwas zu essen ein und erklärte den Kindern, dass wir, auch wenn wir pleite sind, nie vergessen dürfen, immer genügend Zeit zu haben.

Im Lauf der Jahre bemerkte ich immer deutlicher, dass – für mich – Zeit genauso knapp und kostbar wurde wie damals das Geld. An den Tagen, an denen man wie ein Hamster im Rad tritt, an denen keine Zeit zum Durchschnaufen bleibt, genau an diesen Tagen musste ich vom Rad springen und mir eine Auszeit nehmen, um nicht den Draht zu meiner Familie zu verlieren oder einfach nur um mir eine Pause zu gönnen. Meine Kinder verstanden, worum es ging, denn immer wenn sich das Tempo zu Hause rasant steigerte, sagte eines von ihnen: »Zeit«, und wir alle sprangen vom Hamsterrad ab und wurden wieder Menschen.

HYAZINTHEN ALS NAHRUNG FÜR DIE SEELE

(Aus Persien)

Wenn auf Erden du nichts mehr besitzt
und in deinem kargen Speisenlager
nur noch über zwei Brote verfügst,
verkauf das eine, und mit der kleinen Gabe
besorg dir Hyazinthen als Nahrung für die Seele.

Neue Familienmitglieder weihten wir in unsere Philosophie ein. 1994 heiratete mein Sohn Robb seine wundervolle junge Frau Michelle. Eine Woche vor der Hochzeit wanderten Robb, Michelle und ich mit einem Picknickkorb ausgerüstet um einen See. Es war ein traumhafter Oktobertag mit strahlend blauem Himmel, purpurrot und golden gefärbten Bäumen und klarer Herbstluft, und die Braut murmelte, beim Laufen den Blick auf die Füße gerichtet: »Nur noch sechs Tage bis zur Hochzeit. Ich habe so viele Listen, was ich noch erledigen muss, dass ich eine riesige Liste mit den Listen gemacht habe, und ich gehe hier picknicken. Robb sagte, du wirst mir erklären, warum wir das machen, es soll etwas mit Hyazinthen zu tun haben.«

Ich lachte und erzählte ihr von dem Gedicht und was es mir bedeutet, dann packten wir unser Picknick aus. Es war ein wirklich erholsamer, »re-generierender« Nachmittag, und Michelle erzählte mir, dass sie sich, als sie für den Endspurt der letzten paar Tage vor der Hochzeit nach Hause kam, viel sicherer und ausgeglichener fühlte und ihr wieder richtig bewusst geworden war, dass es bei der Hochzeit in erster Linie um ihre Eheschließung ging und nicht um den Festsaal oder andere Einzelheiten.

1996 bekamen Robb und Michelle einen Sohn, Connor Patrick Emmett. Als Connor drei Monate alt war, lernte Michelle – neben der ausfüllenden Beschäftigung mit einem Neugeborenen – für ihre Abschlussprüfung an der Schwesternschule. Irgendwann rief sie mich an und fragte, ob ich mit ihr und Connor ein Mittagspicknick im Park machen wolle. Ich sagte: »Aber Michelle, du hast so viel zu tun mit dem Lernen und dem Baby und allem.«

»Ich weiß«, erwiderte sie. »Wir machen eine Pause, und das hat etwas mit Hyazinthen zu tun.«

Sie hatte es verstanden! Und ich hoffe, auch Sie verstehen es. Wenn Sie einen gewaltigen Berg vor sich sehen und sich von zu vielen Aufgaben erdrückt fühlen, ist es Zeit, eine Pause einzulegen, vom Hamsterrad abzuspringen und sich zu regenerieren.

Dolores, Rechnungsprüferin, die mit Arbeit für drei eingedeckt ist und ein unglaublich hektisches Leben führt, sagt sich selbst: »Ich habe eine Lebenserwartung von 78 Jahren. Diese Aktion muss auf morgen verschoben werden, aber ich hoffe, ich werde eines Tages Zeit haben, in dieser Gruppe mitzumachen, mir jene Fähigkeit anzueignen oder mit einem bestimmten Vorhaben zu beginnen.« Indem sie so mit sich spricht, behält sie die Nerven und weist einen Teil des Stresses in ihrem Leben von sich. Es ist in Ordnung, alles zu wollen, solange man sich vor Augen hält, dass man nicht alles gleichzeitig machen kann. Auch Sie müssen lernen, ab und zu nein zu sagen.

Häufig schieben Sie etwas hinaus, weil Sie überfordert sind. Sie sind zu beschäftigt, zu verplant. Wenn Sie zu den Ich-will-alles-Aufschiebern gehören, lieben Sie das Leben und wollen es bis zum Letzten ausschöpfen. Jede neue Idee schlägt Sie in Bann. Jede Aktivität hört sich toll an. Jeder braucht Sie. Also sagen Sie zu allem ja und jonglieren mit zu vielen Verpflichtungen – und schieben hinaus.

Die Kraft, Grenzen zu setzen

Um den Kreis zu durchbrechen, müssen Sie als Erstes Grenzen setzen. Werden Sie gebeten, mehr zu tun, als Sie schaffen, lautet Ihre Antwort: »Ich würde liebend gerne dieser lohnenden Aufgabe meine Zeit widmen, aber gerade jetzt kann ich nicht.« Oder: »Ich würde zu gerne zu dieser Versammlung gehen, aber diesen Monat geht es bei mir nicht.«

Manche Menschen sehen keine Notwendigkeit, bestimmte Aktivitäten aus ihrem Leben zu streichen, profitieren aber davon, »Sag einfach nein«-Tage im Kalender anzustreichen. Sie reservieren sich einen Tag (oder einen Teil des Tages), um einige Dinge aufzuholen. Alle Einladungen oder Aktivitäten, die in diese reservierte Zeit fallen, werden dann höflich abgelehnt.

Die einen nutzen solche Tage, um einfach einmal mit all den vielen kleinen Verrichtungen, die sie im Haus aufgeschoben haben, nachzukommen. Andere nutzen diese Zeit, um zu planen, zu überdenken, sich Ziele zu setzen. Wieder andere wollen sich erholen und einem Burnout vorbeugen.

Die meisten Menschen mit übervollen Terminkalendern teilen sich ihre Zeit trotz allem gut ein, schieben nichts auf und haben gelernt, das Tempo selbst zu bestimmen. Entweder legen sie tagsüber eine Pause ein, halten sich das Wochenende frei oder planen bewusst Zeit ein, um den Kontakt zu anderen aufrechtzuerhalten, abzuschalten oder was immer auch nötig ist, um die Batterien wieder aufzuladen.

Zum Burnout kommt es, wenn:

- Sie das Tempo nicht selbst bestimmen,
- nicht für Ausgleich in Ihrem Leben sorgen,
- nicht nein sagen, wenn es nötig wäre.

Maria reserviert sich gerne ab und zu einen Vor- oder Nachmittag, um verschiedenste Dinge zu erledigen. Dabei hat sie keinen festen Zeitplan. Sie sieht sich im Haus oder auf ihrem Schreibtisch um, geht ihre Liste durch oder setzt sich an den Computer und kümmert sich um das, was ansteht. Am liebsten ist ihr der Tag nach den Weihnachtsfeiertagen. Den reserviert sie sich grundsätzlich, um neue Energie zu tanken. Das Wissen, dieser Tag kommt in Kürze, gibt Maria unglaubliche Energie, wenn sie alles für die Feiertage fertig macht. Sie denkt sich: »Auch wenn ich jetzt geschafft bin, kann ich das trotzdem noch heute Abend erledigen, denn bald habe ich meinen ganzen freien Tag.«

Wenn Sie »alles wollen«, fällt es Ihnen am Anfang vermutlich schwer, zu Aktivitäten nein zu sagen oder Zeit für sich selbst zu reservieren, aber mit etwas Übung wird es immer einfacher. Und je wohler Sie sich beim Neinsagen fühlen, umso mehr Kontrolle erhalten Sie über Ihre Zeit und Ihr Leben und umso weniger schieben Sie hinaus.

Ich erinnere mich an eine ganz besondere Erfahrung meiner Tochter Kerry, wie wichtig »Neinsagen« ist. Ich kam eines Abends, nachdem ich ein achtstündiges Zeitmanagement-Seminar gehalten hatte, nach Hause und traf Kerry am Küchentisch an, vor sich eine Liste. Sie hatte gerade mit der Highschool begonnen und sich zu einer Reihe von Schulveranstaltungen angemeldet. Nun war sie entmutigt, weil sie in ihrem Elan, bei allem mitmachen zu wollen, nun für nichts mehr Zeit hatte, und hatte eine Aufstellung aller Gruppen, für die sie sich eingeschrieben hatte, gemacht.

»Mama, das wird mir alles zu viel. Ich muss etwas streichen.«

Noch unter dem Eindruck des Seminars, das ich eben hinter mir hatte, sagte ich zu ihr: »Kerry, das ist großartig! Du hast soeben eines der Geheimnisse des Zeitmanagements ergründet. Die meisten Leute merken nämlich gar nicht, dass sie, wenn ihnen ihr Leben zu ausgefüllt wird, auch eine andere Möglichkeit haben. Sie haben die Möglichkeit, zu manchen Aktivitäten einfach nein zu sagen.« Mein Sohn Robb, der inzwischen dazugekommen war, sah mich erstaunt an.

»Sag Mama, das ist tatsächlich ein Geheimnis des Zeitmanagements?«

»So ist es.«

»Das Geheimnis ist, wenn die Leute zu viel um die Ohren haben, haben sie immer noch eine andere Möglichkeit. Sie können zu manchen Aktivitäten nein sagen?«

»Ja doch.«

»Das sagst du ihnen in deinen Seminaren?«

»Ja.«

»Aber … warum brauchst du *acht Stunden*, um ihnen das zu sagen?«

ZUM NACHDENKEN

Wenn du einen absolut nutzlosen Nachmittag auf absolut nutzlose Art verbringen kannst, hast du gelernt zu leben.
Lin Yutang

Herr, hilf mir herauszufinden, was ich heute als Erstes, als Zweites und als Drittes tun soll, und halte

mich davon ab, alles gleichzeitig und nichts richtig zu machen. Gib mir die Einsicht, zu delegieren, was möglich ist, und Ordnung in das zu bringen, was ich nicht delegieren kann, hilf mir, nein zu sagen, wenn ich nein sagen sollte, und lasse mich erkennen, wann es Zeit ist, nach Hause zu gehen.
Marion Wright Edelman

Es ist einfach, »nein« zu sagen, wenn im Inneren ein tieferes »ja!« brennt.
Verfasser unbekannt

Ich kann eine Stunde lang an einem See sitzen und nichts tun. Das ist für mich wie ein Traum. Es ordnet meine Seele neu.
Diane Sawyer

Zeit ist der Stoff, aus dem das Leben ist.
Benjamin Franklin

Geht meine Zeit dafür darauf,
Durch die Gegend zu rennen,
Dauernd etwas zu tun,
Brauche ich freie Zeit,
In der Gegend zu liegen
Und damit nachzukommen, nichts zu tun.
Rita Emmett

Manchmal musst du abbremsen, um schneller zu werden.
Ann McGee Cooper

FLEISSAUFGABEN

Nehmen wir an, Sie hätten alle Zeit der Welt und nichts und niemand würde etwas davon beanspruchen.

- Was würden Sie als Erstes tun?

___

- Was dann?

___

- Und als Nächstes?

___

- Wie würden Sie sich danach fühlen?

___

NOCH EINE FLEISSAUFGABE (UND NUN ... EIN TEST)

1. Schiebe ich für mich wichtige Angelegenheiten hinaus, weil die Interessen anderer immer an erster Stelle stehen?

JA NEIN

2. Gehe ich so viele Verpflichtungen ein, dass ich nicht die Zeit habe, auch nur einige von ihnen zufrieden stellend zu erledigen, und fühle ich mich überfordert?

JA NEIN

3. Glaube ich, das, was andere tun müssen, um ihre Zeit zu verwalten, selbst nicht nötig zu haben?

JA NEIN

4. Belaste ich meine Familie und Freunde, weil ich mir zu viel aufhalse?

JA NEIN

5. Schiebe ich wichtige Belange in Bezug auf meine Finanzen, auf Beziehungen, meine Gesundheit oder Karriere auf, weil ich mich anderen, nicht so wichtigen Dingen widme?

JA NEIN

6. Sage ich bei so vielen »vergnüglichen« Unternehmungen zu, dass sie mir zu viel werden und gar kein Vergnügen mehr sind?

JA NEIN

7. Fühle ich mich oft zerrissen, verzweifelt oder ausgelaugt, weil ich mir zu viel vornehme?

JA NEIN

8. Habe ich so große Angst, etwas zu versäumen, dass ich zu allem »ja« sage?

JA NEIN

9. Verbringe ich Zeit mit Leuten oder Gruppen, mit denen ich früher gerne zusammen war, deren Gesellschaft mir aber inzwischen nicht mehr so viel bedeutet?

JA NEIN

Haben Sie eine dieser Fragen mit ja beantwortet, packen Sie Ihr Problem mit dem Aufschieben am besten an, indem Sie endlich anfangen, auf manche Bitten und Anfragen mit »nein« zu antworten.

6

»Hilfe, mir wird alles zu viel!«

Einer der Hauptgründe, warum Menschen Dinge aufschieben, ist der, dass ihnen alles zu viel wird, dass sie nur noch rudern, um sich über Wasser zu halten. Sie haben das Gefühl, all die Sachen, die zu erledigen sind, schwappen wie eine riesige Welle über sie hinweg und verschlingen sie. Vor ihnen liegen zu viele Erledigungen oder auch nur ein einziges großes Projekt, das so überdimensional oder kompliziert scheint, dass es einfach nur lähmend wirkt. Viele sind in so einer Situation nicht mehr in der Lage, klare Gedanken zu fassen, Entscheidungen zu treffen oder auch nur einen kleinen Schritt zu unternehmen.

Schüler oder Studenten fühlen sich überlastet, wenn sie auf Prüfungen lernen oder mehrere Arbeiten zum selben Termin abgeben müssen. In der Arbeit wird es manchem zu viel, wenn ein neues Projekt startet oder eine wichtige Besprechung vorzubereiten ist. Wer im Verkauf tätig ist, fragt sich angesichts seiner Vorgaben vielleicht: »Wie soll ich das schaffen?«

Im Privaten kann schon das Aussortieren von Papierstapeln oder die Erwartungshaltung von Familie und Freunden zur Bedrohung werden. Auch ein bevorstehender Umzug oder die Frage, wie man nur die Ferien überstehen soll, jagt manchem Angst ein. Was einen so überfordert, kann aber auch eine saisonale Angelegenheit sein, wie die Steuererklärung, oder das geballte Zusammentreffen ganz normaler, alltäglicher Arbeiten. Um welche Aufgabe es sich auch handelt, wenn sie uns zu viel wird, sind wir wie gelähmt und tun überhaupt nichts mehr.

Es kann gut sein, dass uns diese Arbeit zum aktuellen Zeitpunkt tatsächlich überfordert. Aber vielleicht hätte überhaupt niemand die Zeit oder Energie, um das ganze Projekt, das auf uns lauert, in einem durchzuziehen. Das Geheimnis, wie man mit diesem Problem umgeht, ist in einem chinesischen Sprichwort enthalten: »Eine 10 000 Kilometer lange Reise beginnt mit einem einzigen Schritt.« Und für einen einzigen Schritt bringt man immer die Zeit und Energie auf. Aber vorher müssen Sie sich noch etwas Zeit nehmen, um genau festzulegen, wohin die Reise führen soll und welche Schritte Sie tun müssen, um sich dorthin zu bewegen.

Wollten Sie tatsächlich eine 10 000 Kilometer lange Reise antreten wollen, würden Sie das Ziel kennen wollen, Sie bräuchten eine Landkarte, mit der Sie die Route planen können, und Sie müssten wissen, welches Fortbewegungsmittel Ihnen zur Verfügung steht. Beim Planen der Reise würden Sie bemerken, dass sie sich aus vielen einzelnen kleinen Reisen zusammensetzt. Am ersten Tag planen Sie die Etappe von A nach B, am zweiten Tag von B nach C und so weiter.

Zerlegen Sie die Aufgabe in überschaubare Einheiten!

Erstellen Sie eine Liste der Etappen, und schreiben Sie alle kleinen Handgriffe auf, die zu dem erdrückenden Projekt gehören. Wird die Liste beängstigend lang, teilen Sie sie in mehrere Listen auf. Oder, falls Sie Notizen auf kleinen Zetteln über den ganzen Schreibtisch verteilt haben, versammeln Sie diese auf einem Blatt Papier.

Versuchen Sie, die Listen chronologisch zu ordnen. Was muss diese Woche erledigt werden, was nächste und was übernächste Woche? Können Sie jetzt schon bestimmte Prioritäten erkennen? Nicht alles ist gleich wichtig, ganz bestimmt sind auch weniger wichtige Angelegenheiten dabei. Oder schreiben Sie separate Listen für Anrufe, Schreibarbeiten, Recherchen oder Erledigungen außer Haus.

Wenn Sie all die kleinen Aufgaben festgelegt haben, die zusammen das große Projekt ausmachen, konzentrieren Sie sich auf »nur einen einzigen Schritt«, auf einen Punkt der Liste. Dann suchen Sie auf der Liste weitere »einzige Schritte«. Stellt sich heraus, dass Sie das gar nicht alles schaffen, wägen Sie ab, ob man nicht das Projekt straffen, bestimmte Aufgaben delegieren oder einzelne Punkte streichen kann. Gibt es einen Teilbereich, den man weglassen kann, ohne das Projekt als Ganzes abzuwerten? Nun können Sie mit dem Abhaken beginnen, einen Punkt nach dem anderen.

Nach der Erfahrung von Sharon Borkowicz, einer Immobilienmaklerin, glauben die meisten Leute, es sei ziemlich leicht, ein Haus zu verkaufen. Man muss nur einen Käufer finden, ihm bei der Beschaffung eines Kredites behilflich sein, mit zum Notar gehen, und das war's. Neueinsteiger in dieser Branche sind völlig erschlagen davon, was sonst noch alles dazugehört. In Sharons Büro erhält jeder Mitarbeiter genaue Anweisungen, was zu tun ist, wenn ein Objekt zum Verkauf ausgeschrieben wird. Dabei handelt es sich um eine Liste mit 75 Schritten, angefangen von der Zuteilung einer Bearbeitungsnummer über das Aufstellen eines Schildes im Vorgarten und die Bewertung bis hin zur Besichtigung. Mit Hilfe dieser Liste wird sichergestellt, dass auch wirklich alles erledigt und nichts übersehen wird. Aber in erster Linie geht es darum, dass die Makler sich nicht überfordert fühlen und der Reihe nach einen Schritt nach dem anderen ausführen können.

Wenn das Projekt, das Ihnen zu schaffen macht, regelmäßig wiederkehrt, werfen Sie Ihre Etappenliste nicht weg, bewahren Sie sie auf und benutzen Sie sie, wie in Sharons Büro, immer wieder. Viele Geschäftsreisende berichten, eine »Packliste« habe ihnen die Angst genommen, beim Kofferpacken etwas zu vergessen.

Zwölf Tipps für effektiveres Arbeiten am Schreibtisch

1. Halten Sie Ihre Ideen schriftlich fest. Trauen Sie Ihrem Gedächtnis nicht, auch wenn es noch so gut sein mag!
2. Legen Sie zu Beginn Ihres Arbeitstages fest, was vorrangig zu behandeln ist.
3. Nutzen Sie Ihre produktivsten Stunden für die Projekte, die oberste Priorität besitzen.
4. Zerlegen Sie zeitaufwändige Projekte in kleinere Einheiten.
5. Nehmen Sie sich nicht zu viel vor. Halten Sie jeden Tag eine gewisse Zeit von Terminen frei.
6. Konzentrieren Sie sich immer nur auf eine Sache.
7. Machen Sie Pausen. Gehen Sie umher. Dehnen Sie sich. Essen Sie nicht am Schreibtisch zu Mittag.
8. Geben Sie allem einen festen Platz. Sorgen Sie dafür, dass sich Ablage, Sortierkästen und Büromaterial in Reichweite befinden.
9. Lassen Sie keinen Papierkram liegen.
10. Halten Sie Besuche kurz:
    - Besetzen Sie freie Stühle mit Papierstapeln, so dass ungebetene Besucher stehen müssen.

- Sagen Sie geschwätzigen Anrufern gleich zu Beginn des Telefonats, dass Sie nur ein paar Minuten Zeit haben. Fragen Sie sofort höflich nach dem Grund des Anrufs.

11. Räumen Sie alle Unterlagen, die Sie gerade nicht für Ihre Arbeit brauchen, zur Seite. Dann kann nichts verloren gehen oder durcheinander geraten.
12. Nehmen Sie jedes Blatt Papier nur einmal in die Hand.

Listen, Listenlose und Listenverleiher

»Sagen Sie, haben Sie Zelda Gluztnagel angerufen und sie nach diesem Kostenvoranschlag gefragt?«

»Oh nein, das tut mir Leid. Ich hatte so viel zu tun, wir sind völlig überlastet, und daheim geht es auch drunter und drüber. Ich hatte einfach noch keine Zeit.«

Wem von uns ist diese Litanei an Entschuldigungen nicht vertraut, vielleicht haben Sie sie auch schon einmal gestammelt. Doch in Wahrheit haben Sie den Anruf (oder was immer auch getan werden sollte) nicht erledigt, weil Sie zu beschäftigt waren, sondern weil Sie ihn vergessen haben. Und warum haben Sie ihn vergessen? Sie haben ihn nicht in Ihre Erledigungsliste aufgenommen. So einfach ist das.

Listen sind wichtig, weil sie

- uns an bestimmte Dinge erinnern,
- den Kopf entrümpeln,
- Übersicht verschaffen,
- motivieren und eine Richtung vorgeben,
- bei der Formulierung von Zielen helfen,
- leichter Prioritäten erkennen lassen,
- vor Ablenkungen bewahren,
- zufrieden machen, wenn wir das Erledigte durchstreichen können,
- eine klare Vorstellung vermitteln,
- die Gedanken ordnen helfen (so dass wir uns vom Allgemeinen zum Speziellen vorarbeiten können).

Menschen, die keine Listen machen, wachen manchmal morgens auf oder kommen in die Arbeit und sagen: »Ich frage mich, was ich heute tun soll.« Dann warten sie ab, bis das Telefon klingelt oder der Chef Anweisungen gibt und ihnen dadurch ein Plan für den Tag vorgegeben wird. Sie treiben ziellos von einer Krise zur nächsten. Und sie arbeiten nach Kräften daran, Brände zu löschen, anstatt sie gar nicht erst entstehen zu lassen. Weil sie keine Prioritäten setzen, verbringen sie ihre Zeit mit unwichtigen Dingen und beklagen sich, dass sie »so viel zu tun« haben.

Keine Listen zu haben ist eine uneffiziente und unproduktive Art, sein Leben zu verbringen. Wenn Sie Listen schreiben, formulieren Sie ganz exakt, was Sie zu tun haben.

Doch die besten Listen helfen nichts, wenn man sie verliert.

Listenverlierer schreiben ihre Listen auf riesige Blätter, kleine Papierschnipsel, zerknüllte Umschläge und die Rückseite von Kontoauszügen. Ihre Listen sind über die ganze Wohnung verteilt, an ihrem Arbeitsplatz verstreut, in Brieftaschen und Geldbörsen gestopft und strategisch günstig im Auto platziert. Mit großem Ernst und Eifer halten sie absolut alles auf einer Liste fest, können sich aber dann nicht mehr erinnern, wo sie diese deponiert haben.

Wie kommt es, dass manche Leute ständig Listen schreiben und sie dann verlegen? Im Grunde liegt es daran, dass sie schlecht organisiert sind. Bestimmen Sie einen festen Platz für Ihre Liste und legen Sie sie immer dorthin. Das kann der Kühlschrank sein, eine bestimmte Schublade, die Brieftasche oder Geldbörse, der Schreibtisch, der Computer. Der Platz an sich ist nicht entscheidend, nur müssen Sie die Liste zuverlässig dort ablegen und wieder finden können.

DIE EMMET-VERLUST-REGEL

Falls Sie bestimmte Dinge ständig suchen, liegt es aller Wahrscheinlichkeit nach daran, dass Sie keinen bestimmten Platz dafür vorgesehen haben.

Ich kenne Menschen mit großen Familien oder einem betriebsamen Haushalt, die es durchaus schaffen, einen geheimen Platz für ihre tägliche Erledigungsliste zu finden. Eine Mutter von sechs Kindern erzählte mir, sie steckt die Liste zwischen Sauciere und Rückwand im obersten Fach des Küchenschranks. Das hört sich für mich ziemlich merkwürdig an, aber sie sagte, das funktioniere schon seit 15 Jahren gut. Bevor sie sich diesen Platz ausgedacht hatte, hatten die Kinder ständig ihre Liste irgendwo anders hingelegt oder als Notizzettel benutzt.

Listen werden in Bibeln, Plastikschüsseln, unter tragbaren Fernsehern, auf Kühlschränken und an allen möglichen anderen ungewöhnlichen Plätzen aufbewahrt. Wenn Sie einen Terminkalender führen, können Sie die Liste schreiben, noch einmal überprüfen und in den Kalender heften. Der Trick liegt einfach darin, einen festen Platz für die Liste zu finden, sie täglich zu aktualisieren und mit ihr zu arbeiten. Das wird schnell zur Gewohnheit. Gute Angewohnheiten kann man sich ebenso leicht aneignen wie schlechte.

Verlieren Sie Ihre Listen immer wieder, weil Sie sie auf kleine Zettel schreiben, die leicht verlegt werden oder im Abfall landen, ist die Lösung einfach: Benutzen Sie größere Blätter. Sie können auch einen Block verwenden, den es in allen Farben zu kaufen gibt. Wenn Sie eine bestimmte Farbe für sich in Anspruch nehmen, wissen alle: »Blaues Papier ist Maureens Liste. Hände weg!« Mein Mann Bruce benutzt ein Klemmbord. Es ist rot und wirkt in unserer Wohnung wie ein Fremdkörper. Aber es ist schwer zu übersehen.

Ringbücher eignen sich hervorragend als Gegenmittel zum ständigen Verlegen von Listen. Natürlich kann man auch die verlegen, aber man findet sie viel leichter wieder als winzige Zettelchen. Gewöhnen Sie sich an, alle Ihre tagesaktuellen kleinen Listen und Telefonnotizen auf einem Blatt in Ihrem Ringbuch zusammenzufassen.

Ruth, von Beruf Umweltingenieurin, bewahrt in der obersten Schublade ihres Büroschreibtisches ein Ringbuch auf. Wenn sie ins Büro zurückkommt und sie von dem berühmten Stapel kleiner »Anrufe in deiner Abwesenheit«-Zettel begrüßt wird, überträgt sie Namen und Telefonnummern auf ihre Liste im Ringbuch. Auf diese Weise fliegt nicht jede Menge Papier auf ihrem

Schreibtisch herum, und es entsteht gar nicht erst das Gefühl von Chaos, das viele kleine Zettel unweigerlich hervorrufen.

Entscheiden Sie sich für ein Ringbuch, versehen Sie jede Liste mit dem aktuellen Datum und reißen Sie die erledigten Blätter nicht heraus. Ab und zu diese Seiten durchzublättern und sich vor Augen zu halten, was man alles getan hat, gibt ein gutes, euphorisches Gefühl. Oder Sie sind sich nicht sicher, ob Sie einen bestimmten Anruf erledigt haben, und können dann die letzten paar Seiten durchsehen und nachprüfen, dass der Anruf tatsächlich erfolgte und abgehakt ist. Das Datum auf der betreffenden Seite sagt Ihnen auch genau, wann Sie angerufen haben. (Noch ein Vorteil: Haben Sie vergessen, die Telefonnummer in Ihr Adressverzeichnis zu übernehmen, brauchen diese aber wieder, steht sie im Ringbuch.)

Wie können Sie vorgehen, wenn Sie auf die neue Liste immer wieder dieselben unerledigten Arbeiten aus der alten Liste übertragen müssen? Dann ist es Zeit, eine Entscheidung zu treffen. Entweder Sie kümmern sich heute darum, Sie setzen sich einen festen Termin und tragen diesen in den Kalender ein, oder Sie beschließen, dieses Projekt ganz bleiben zu lassen.

Wenn Sie sich entscheiden, einen Punkt nicht in die neue Liste zu übernehmen, schreiben Sie daneben: »Streichen. Nicht wichtig« oder »SNW«. Das hat mehrfache Wirkung. Erstens entsteht keine Unsicherheit, wenn Sie im Nachhinein feststellen möchten, ob Sie ihn erledigt haben. Wenn er durchgestrichen ist, entsteht keine Verwirrung, ob er erledigt ist oder ob Sie ihn verworfen haben. Zweitens müssen Sie keine Schuldgefühle haben, wenn Sie nach ein, zwei Wochen die Listen im Ringbuch durchsehen, weil Sie sich nicht darum gekümmert haben. Der Vermerk »SNW« sagt Ihnen, Sie haben unter Berücksichtigung der verfügbaren Zeit und vordringlicher anderer Aufgaben eine Entscheidung getroffen. Natürlich ändern sich die Umstände zuweilen.

Wird es plötzlich wichtig, diesen Punkt doch auszuführen, können Sie ihn ganz einfach wieder in die Liste aufnehmen und sicherstellen, dass er zu den ersten Dingen gehört, die an diesem Tag erledigt werden.

Neben diesen Tipps, wie man das Listenverlegen aus mangelnder Organisation abstellt, müssen wir eine weitere Ursache betrachten, die zum Verlegen von Listen führt. Schreiben Sie Ihre Liste, um jemandem (vielleicht sich selbst) einen Gefallen zu tun, und verlieren Sie diese dann aber in einem Akt der Rebellion? Verlegen Sie die Liste, weil Sie nicht einen einzigen Punkt darauf wirklich tun wollen? Ist das nicht ein ganz schön doofes Spiel? Nehmen Sie sich eine Minute Zeit, um sich eine Frage zu beantworten: Wem tut es weh, wenn Ihnen die Liste abhanden kommt?

Die tragbare Projektionszentrale

Ab und zu steht ein Projekt an, zu dem mehr gehört als das Schreiben einer Liste. Geht es zum Beispiel darum, Kostenvoranschläge von verschiedenen Anbietern einzuholen, Belege zu sammeln oder eine Menge schriftlicher Informationen zusammenzutragen, legen Sie sich am besten eine tragbare Projektzentrale an. Besorgen Sie sich eine Mappe mit einzelnen Fächern und ein Ringbuch, beides in derselben Farbe, so dass sie auf den ersten Blick zusammengehören. Bewahren Sie das Ringbuch in der Mappe auf, wenn Sie es gerade nicht benutzen. Nun kann jede Information, die Ihr Projekt betrifft, in die Fächer der Mappe eingeordnet oder in das Ringbuch geheftet werden. Ordnen Sie jeder tragbaren Projektzentrale, die Sie für große, komplexe Projekte in Ihrem Berufs- und Privatleben anlegen, eine andere Farbe zu.

Paddy benutzte dieses System monatelang, als er sein Haus aufwändig renovierte. Seine Kinder hänselten ihn schon, wenn er wieder herumbrüllte: »Hat einer von euch die grüne Mappe und das grüne Ringbuch gesehen?« Aber er betont, dass er in einem Do-it-yourself-Projekt noch nie so gut organisiert war.

Eine gute Methode, im Prinzip eine unerlässliche Methode, ist es, für die Mappe einen sicheren Platz festzulegen und sie grundsätzlich immer dorthin zu legen. Stecken Sie sämtliche Informationen in die tragbare Projektzentrale. Schreiben Sie die Erledigungslisten in das Ringbuch, am oberen Blattrand mit Datum versehen, und werfen Sie die Seite nicht heraus, wenn die Liste erledigt ist, haken Sie nur ab, was fertig ist. Nutzen Sie die Rückseiten zum Notieren wichtiger Telefonnummern. Bewahren Sie keine kleinen Streifen mit Telefonnummern auf, das (Sie haben es bereits erraten) wird zu unüberschaubar.

Verstauen Sie Belege, Zeichnungen, Prospekte, Fotos, Ausschnitte aus Zeitschriften und Katalogen, Schaubilder, Angebote, einfach alles, was mit dem Projekt in Zusammenhang steht, in den Fächern der Mappe. Aber nehmen Sie keine Unterlagen dazu, die zu anderen Projekten gehören, sondern besorgen Sie sich dafür eine eigene Mappe mit Ringbuch, natürlich in einer anderen Farbe.

Damit haben Sie alles in einem kompakten Paket zusammen, wenn Sie die Unterlagen vom Büro mit nach Hause oder von einem Ort zum anderen transportieren müssen. Während der Arbeit an dem Projekt sehen Sie immer wieder die Liste durch, erledigen aber immer nur einen Schritt, eine bestimmte Aufgabe. Und genießen Sie die Genugtuung, fertige Arbeiten abzuhaken.

Georgia, External Relations Manager in einem großen Unternehmen, benutzt für jede der beiden Konferenzen, die sie jedes Jahr plant und koordiniert, eine eigene tragbare Projektzentrale. Als Erstes besorgt sie eine Fächermappe und ein Ringbuch in der gleichen Farbe und sammelt darin alles: die Liste mit Themenvorschlägen, Prospekte von potenziellen Veranstaltungsorten, Material für die Moderatoren der unterschiedlichen Veranstaltungen und Workshops, Geschenke, Ideen für die Öffentlichkeitsarbeit, Anmeldungsunterlagen, Namenskärtchen und so weiter. Sämtliche Listen, Telefonnummern und Besprechungsnotizen schreibt sie in das Ringbuch, Ausgabenbelege und alles andere Material sammelt sie in der Fächermappe. Dass sie ihr Projekt einfach unter den Arm nehmen kann, gefällt ihr ganz besonders. Der Vorgang wandert einfach in ihre Aktentasche und begleitet sie überallhin. Und jede Information, die sie braucht, ist stets zur Hand.

Georgia führt auch ihre Erledigungsliste im Ringbuch, und es macht ihr Spaß, die täglich erledigten Arbeiten abzuhaken. Wenn sie das Gefühl hat, kurz vor dem Burnout zu stehen, blättert sie ältere Listen durch, um sich anzusehen, was sie alles schon geschafft hat – das hilft.

Nach Abschluss der Konferenz legt Georgia das gesamte Material ab, immer noch im Ringbuch, so dass nicht nur das Rückenschild, sondern auch der farbige Rand des Ringbuchs ihr Auskunft gibt, wenn sie im Aktenschrank etwas sucht. Sie sagt, die Farbe sei der Aufhänger für sie. In ihrem Gedächtnis verschmelzen die Konferenzen nach und nach ineinander, aber wenn sie auf der Suche nach einer bestimmten Information den Ablageschrank öffnet und den Inhalt sondiert, ergibt sich sofort ein klares Bild: »Jetzt weiß ich es wieder. Gelbe Akte. Die Konferenz in Texas. Vor fünf Jahren.« Sobald das eine Projekt in die Ablage gewandert ist, richtet Georgia ein neues tragbares Projektzentrum in einer anderen Farbe ein und ist bereit, die nächste Konferenz in Angriff zu nehmen.

Wann ist die beste Zeit, um die Liste zu schreiben?

Wann Sie am besten Ihre Liste schreiben, hängt davon ab, ob Sie ein Morgen- oder ein Abendmensch sind.

Morgenmenschen öffnen die Augen, steigen aus dem Bett und sind sofort hellwach. Sie quasseln drauflos, singen und tänzeln durch das Haus. Aber irgendwann zwischen 20.30 Uhr und 22.00 Uhr beginnen sie, wie kleine ermattete Petunien alles hängen zu lassen, sich zu schließen und einzurollen. Für diesen Tag haben sie genug gelebt.

Abendmenschen öffnen ebenfalls die Augen und steigen aus dem Bett, sind aber nicht sofort wach. Es dauert eine Weile, bis Leben in sie kommt. Die einen halten sich am Griff einer Kaffeetasse fest und folgen ihr, wo immer sie sich hinbewegt, die anderen brummen oder nörgeln vor sich hin oder schweigen einfach und ignorieren die Menschen oder das Chaos um sie herum. Manche verstecken sich hinter der Zeitung, andere im Badezimmer. Doch gegen 21.00 Uhr, wenn die kleinen, matten Petunienmorgenmenschen in Erstarrung übergehen, reißen Abendmenschen die Augen auf, ein Schwall an Energie erfüllt ihren Körper, und strahlend und erwartungsvoll rufen sie: »Jetzt kann das Leben beginnen!« Eigenartigerweise sind Morgenmenschen meist mit Abendmenschen verheiratet.

Für Morgenmenschen ist es gut, die Listen als erste Tat am Morgen zu schreiben, Abendmenschen sind am Morgen für nichts gut zu gebrauchen. Der Systemanalytiker Jim ist ein Abendmensch, also ist der letzte Akt am Abend, bevor er seinen Arbeitsplatz verlässt, die Liste für den nächsten Tag zu erstellen. Wenn er am nächsten Morgen zur Arbeit kommt, hilft ihm die Liste, gleich die richtige Richtung einzuschlagen. Egal, ob Sie

PERSÖNLICHKEITSTEST

1. Zu welcher Tageszeit sind Sie am produktivsten?
2. Wo sind Sie am produktivsten?
3. Wirkt sich das, was Sie essen oder wie viel Sie essen, auf Ihre Produktivität aus? Werden Sie von bestimmten Speisen träge?
4. Wirkt sich Sport auf Ihre Produktivität aus? (Sind Sie an Tagen, an denen Sie sich »bewegt« haben, fitter?)

Morgen- oder Abendmensch sind, folgen Sie, wann immer es möglich ist, Ihrem inneren Stundenplan, wenn es um das Listenschreiben geht oder wenn Sie auf irgendeine andere Art effizient sein wollen.

Gehen wir nun einmal davon aus, dass Sie sich bereits angewöhnt haben, Listen zu schreiben, und nicht zu den Listenverlierern gehören, es aber nicht schaffen, jeden Tag eine Liste zu schreiben. Das macht nichts. Vielen Menschen fällt es schwer, täglich eine Liste zu erstellen. Aber ringen Sie sich durch, mit Listen zu arbeiten, wenn Sie überfordert oder überlastet sind oder, Gott bewahre, zum Aufschieben tendieren.

Kostbare Zeitpuffer

Wie wir wissen, haben wir alle die gleiche Anzahl von Stunden täglich zur Verfügung. Wie kommt es dann aber, dass manche Menschen nie die Zeit finden, etwas auszuführen, das sie sich vorgenommen haben, andere hingegen immer Zeit dafür haben?

Eines der großen Geheimnisse der Erfolgreichen und Anti-

Aufschieber ist das Wissen um die unzähligen kostbaren Zeitpuffer, die man nur erkennen und nutzen lernen muss. Während die ewigen Aufschieber wertvolle Zeit verlieren, indem sie auf eine nicht verplante Stunde warten, um einige Rechnungen zu bezahlen, auf einen freien Nachmittag, um Papierstapel und Akten zu sortieren, auf einen freien Sonntag, um die Garage aufzuräumen oder sich mit Bekannten zu treffen oder … (Zutreffendes bitte einsetzen), haben die Anti-Aufschieber vier grundlegende Wahrheiten für sich akzeptiert:

1. Freie Stunden, Nachmittage oder ganze Tage ergeben sich nur nach aufwändiger Planung, und selbst dann kann man sich nicht darauf verlassen.
2. Ohne Rücksicht auf die Wichtigkeit eines Projektes oder wie viel Vorplanung schon dafür erfolgte, wird es immer Unterbrechungen geben. Eine Menge Unterbrechungen. Rechnen Sie im Voraus damit.
3. Sich über Unterbrechungen zu beklagen und sich von ihnen übermäßig unter Druck setzen zu lassen hilft keinem und macht sie nicht ungeschehen. In manchen Fällen können wir die Störquelle beseitigen (den Hörer neben das Telefon legen, zum Arbeiten in die Bibliothek gehen, die Bürotür schließen), in anderen Fällen nicht.
4. Führen Unterbrechungen permanent dazu, dass Sie Ihre Arbeit in Etappen erledigen müssen, können Sie das von Anfang an einplanen.

Juanita nutzt die Wartezeiten beim Telefonieren für sich. Sie liest in einem Buch mit kurz gefassten, originellen Verkaufs- und Marketingtipps, das sie immer auf dem Schreibtisch liegen hat.

Barb muss, wenn sie mit dem Auto wegfahren will, mehrere Bahngleise überqueren. Oft sitzt sie dann im Wagen und wartet, bis der Zug endlich vorbei ist. Während dieser Wartezeiten schreibt sie ein paar Zeilen an Freunde oder Kunden. (Sie hat im Auto eine große, wiederverschließbare Plastiktüte mit Grußkarten, einem Stift und Briefmarken deponiert.) Diese freuen sich über eine Nachricht von ihr und lesen die »Schneckenpost« gleich mehrmals durch, während sie ihre E-Mails nur kurz überfliegen und gleich wieder löschen.

Barbs Ehemann Charlie nutzt seine »Zugwartezeiten«, um Ideen auf das Diktiergerät zu sprechen, das er unter dem Fahrersitz aufbewahrt.

Selbst an den hektischsten Tagen bleiben zehn Minuten hier, zwanzig Minuten dort, die nicht eindeutig verplant sind. Wie viel Zeit könnten Sie sinnvoll nutzen, wenn Sie an Ihre Listen gehen oder Zehn-Minuten-Projekte in Angriff nähmen, während Sie warten, bis eine Besprechung beginnt, Sie beim Arzt aufgerufen werden oder im Auto vor der Schule auf Ihr Kind warten? Sie könnten:

- planen,
- die Liste durchgehen,
- einen Anruf erledigen (mit einem Mobiltelefon so gut wie überall möglich),
- Korrespondenz erledigen,
- sich ein Konzept für eine Pressemitteilung, einen Bericht, einen Brief, ein Buch überlegen,
- eine Zeitschrift überfliegen und entscheiden, ob sie mehr Zeit wert ist.

Fangen Sie gleich heute an, nach wertvollen Zeitpuffern Ausschau zu halten und sich zu überlegen, wie Sie diese nutzen werden. Ein schneller Blick auf Ihre Liste sagt Ihnen, was Sie mit dieser Zeit anfangen können. Das Erstaunliche ist, je besser Sie diese kostbaren Zeitnischen erkennen und nutzen, umso mehr scheint es von ihnen zu geben.

Die Kunst, rückwärts zu planen

Empfehlenswert, wenn Sie sich überfordert fühlen, ist auch die Strategie, sich Zwischenziele zu setzen. Dahinter steht die Idee, rückwärts zu arbeiten, indem man sich selbst hypothetische oder reale Termine setzt. Mein Mann Bruce, der als Videoredakteur arbeitet, nennt es »Rückwärtsplanung«.

Nehmen wir einmal folgende Situationen an:

- Ihr Chef will morgen die fertige Pressemitteilung auf dem Tisch haben, und Sie wissen noch nicht einmal, über welches Thema Sie schreiben sollen.
- Ihre Einkommensteuererklärung ist in zwei Wochen fällig, und Sie haben noch nicht einmal damit angefangen.
- In zwei Tagen ist Weihnachten, und Sie haben noch keine Vorstellung, welche Geschenke Sie kaufen wollen.
- Morgen Nachmittag ist Ihre Abschlussprüfung, und Sie haben noch immer nicht Ihre Aufzeichnungen durchgesehen.
- Die Wehen kommen alle fünf Minuten und Sie haben noch nicht für die Klinik gepackt.

In jedem dieser Fälle sorgt der bevorstehende Termin dafür, dass wir hochaktiv werden. Termine hindern uns am Aufschieben, sie erhöhen die Adrenalinausschüttung, sie motivieren uns. Natürlich machen sie uns insgeheim aber auch Angst, rufen Magenkrämpfe hervor, bringen uns zum Hyperventilieren (sorgen manchmal auch für rote Flecken im Gesicht, für Kopfschmerzen, Schlaflosigkeit oder eine andere Katastrophe), aber sie bringen uns in die Gänge.

Das Positive an Terminen können wir verstärken und den damit verbundenen negativen Stress ausschalten, indem wir uns viele kleine Termine setzen. Auch wenn uns diese anfangs zu konstruiert erscheinen, helfen sie uns, sich besser zu organisieren, sie machen das Projekt überschaubar und zwingen uns, im Voraus fundierte Überlegungen anzustellen. Diese Art zu planen wird früher oder später zur Gewohnheit.

Mit Hilfe von hypothetischen oder realen Terminen vermeiden Sie auch, dass Sie auf den letzten Metern entdecken, Ihnen fehlt noch etwas ganz Wichtiges, aber nun ist es zu spät, es zu besorgen. Ein Beispiel: Ihnen bleibt nur noch ein Tag, um eine Verkaufspräsentation zusammenzustellen. Das macht aber nichts, weil Sie wissen, dass Sie es in einem Tag schaffen. Doch dann tritt der blanke Terror ein, weil Ihnen klar wird, dass Ivan der Einzige ist, der Ihnen einige unerlässliche Statistiken geben kann – und Ivan ist gestern in Urlaub gefahren. Mit einem hypothetischen Termin wäre das nicht passiert.

Wie funktioniert ein hypothetischer Termin? Sie beginnen bei der echten Deadline und arbeiten sich bis zum aktuellen Zeitpunkt zurück, dabei setzen Sie sich Zwischentermine, zu denen Sie das Projekt in Teilen oder ganz erledigt haben sollten. Sie planen rückwärts. Nehmen wir an, Sie wollen in der wöchentlich erscheinenden Lokalzeitung eine Pressemitteilung unterbringen, dass Ihre Firma eine gemeinnützige Spendenaktion unterstützt, die am 30. Mai stattfindet. Sie sehen auf dem Kalender nach und beschließen, dass der Artikel eine Woche früher, nämlich in der Ausgabe vom 23. Mai, erscheinen soll. Sie rufen die Zeitung an und erfahren, Ihr Beitrag muss mindestens eine Woche vorher eingehen, um für die vorgesehene Ausgabe berücksichtigt zu werden. Das bedeutet, er muss am elften oder zwölften Mai in der Post sein. Sie setzen sich selbst den 5. Mai als Termin, an dem er fertig geschrieben sein muss, um noch genügend Zeit zu haben, ihn tippen zu lassen, Korrektur zu lesen und postfertig zu machen. Würden Sie keine Zwischentermine festlegen, kann es sein, dass Sie erst daran denken, den Beitrag zu schreiben, wenn es schon längst zu spät ist.

Wenn Sie von der Deadline ausgehend rückwärts planen, erhalten Sie eine chronologisch geordnete Arbeitsliste. Wenn ein Paar eine Hochzeit plant, bekommt es manchmal eine Liste in die Hand gedrückt mit der Erklärung: »Sechs Monate vor der Hochzeit müsst ihr dies tun, fünf Monate vorher jenes.« Leider haben wir nicht das Glück, Leute um uns zu haben, die uns solche Punkt-für-Punkt-Listen für unsere alltäglichen Projekte an die Hand geben, aber wir können sie uns selbst entwerfen, indem wir rückwärts planen.

Wenn Sie sich das Rückwärtsplanen erst einmal angewöhnt haben, werden Sie feststellen, dass es auf die verschiedensten Aktivitäten anwendbar ist. »Die Maschine startet um fünf Uhr, um vier müssen wir am Flughafen sein, also fahren wir um drei Uhr los. Nein, wir haben ja auch noch deine Schwester dabei, das ist eine Person mehr, die vor dem Bad ansteht, also fangen wir alle lieber schon um halb zwei an, uns fertig zu machen.«

Wenn Sie ein Projekt von hinten aufrollen, setzen Sie am besten Ihre Phantasie ein, um sich vorzustellen, was geschehen wird. Damit können Sie eher Details vorhersehen und eine mögliche Katastrophe abwenden. Wenn Sie zum Beispiel planen, wann Sie Ihren Bericht schreiben, überlegen Sie erst, was Sie dazu brauchen. Dann setzen Sie sich früh genug einen Termin, bis zu dem Sie alles benötigte Material besorgt haben müssen. Das ist besser, als mit dem Bericht anzufangen und dann den Alarmknopf drücken zu müssen.

Egal, ob Sie nun ganz automatisch rückwärts planen oder sich das bewusst erarbeiten müssen, wenn Sie sich diese Methode zur Gewohnheit machen, werden Ihre Projekte überschaubarer, Sie können Hindernisse im Voraus erkennen und vermeiden, dass Sie in letzter Sekunde noch Magenkrämpfe bekommen.

Egal für welches System Sie sich entscheiden, gilt immer eines: Wenn Sie sich überfordert fühlen, schleichen Sie sich nicht davon, indem Sie schlafen, im Internet surfen, lesen, Computerspiele spielen, essen, fernsehen, allen möglichen Kram aussortieren oder was immer Sie sonst tun, wenn Sie etwas aufschieben. Zerlegen Sie die Aufgabe lieber in kleine Einheiten, setzen Sie Prioritäten und beginnen Sie dann mit diesem ersten Schritt.

ZUM NACHDENKEN

Wir sind immer gerade so gut, wie es uns in diesem Moment möglich ist.
Wayne Dyer

Lakeins Frage: Wie kann ich jetzt meine Zeit am besten nutzen?
Alan Lakein

Wer den heutigen Tag damit vergeudet, sich über gestern zu beklagen, wird den morgigen Tag damit vergeuden, sich über heute zu beklagen.
Philip M. Raskin

Test, ob Ihre Mission auf Erden abgeschlossen ist: Sind Sie noch am Leben, ist sie es nicht.
Richard Bach

Lieber an etwas scheitern, was mir Freude macht, als mit etwas Erfolg haben, das ich hasse.
George Burns

Erfolg ist nie endgültig, Scheitern ist nie tödlich, was zählt, ist Mut.
Winston Churchill

Du kannst erst festlegen, wohin du gehst, wenn du weißt, wo du dich gerade befindest.
Verfasser unbekannt

Selbst wenn du auf der richtigen Bahn bist, wirst du überrannt, wenn du nur dasitzt.
Will Rogers

FLEISSAUFGABEN

Diese Übung eignet sich hervorragend, um rückwärts zu planen oder um einen Lebensplan aufzustellen. Sie können sie beliebig oft ausführen, falls sich Ihre Ziele oder Prioritäten ändern sollten.

Überlegen Sie sich, wer Sie in zehn Jahren sein möchten. Dann beantworten Sie folgende Fragen, und zwar so, als wenn dieser Zeitpunkt heute wäre:

- Datum (in zehn Jahren):

  ____

- Wo wohnen Sie:

  ____

- Was arbeiten Sie:

  ____

- Mit wem sind Sie zusammen:

  ____

- Welche Reisen haben Sie gemacht:

  ____

- Der stolzeste Moment in den letzten zehn Jahren:

  ____

- Ein typischer Sonntag:

  ____

- Dinge, die Sie besitzen:

  ____

- Wie Sie sich persönlich verändert haben:

  ____

Nun fangen Sie wieder von vorne an und benennen Punkt für Punkt eine Leistung, die Sie im nächsten Jahr vollbringen können, um jedem dieser Ziele in zehn Jahren näher zu rücken. Was können Sie schon nächste Woche erledigen?

TEIL III

Bewährte Strategien gegen das Aufschieben

7

Planen Sie Zeit zum Planen ein!

Eine sehr beliebte Methode des Aufschiebens ist es, sich Hals über Kopf in ein Projekt zu stürzen, sozusagen »ins kalte Wasser« zu springen.

Aber wenn Sie sich ohne jede Planung über eine Aufgabe hermachen, richten Sie häufig nur Schaden an, denn sehr wahrscheinlich tritt einer der folgenden Fälle ein: Es geht vieles schief, und dadurch wird das ganze Projekt unnötig in die Länge gezogen; Sie verlieren den Mut, weil nichts richtig funktioniert, und schmeißen alles hin; Sie haben die Arbeit zwar zu Ende gebracht, verbinden aber so negative Assoziationen damit, dass Sie, wann immer Sie daran denken, dieses Projekt wieder in Angriff zu nehmen, es möglichst verschieben, weil Sie die Erinnerung abschreckt, wie lange es gedauert hat oder wie unbefriedigend es abgelaufen ist.

Sean stürzt sich regelmäßig auf die Reparatur seines Wagens, ohne sich die Arbeit vorher zu überlegen. Also baut er erst das ganze Auto auseinander und stellt dann fest, dass er ein Ersatzteil besorgen muss. Da man mit einem zerlegten Auto aber meistens nicht so gut fahren kann, muss Sean sich überlegen, wie er an das benötigte Teil kommt. Er braucht jemanden, der die Besorgung für ihn erledigt oder ihn zum Händler chauffiert. Natürlich ist das umständlich. Erst muss er sich die Schmiere von den Händen waschen, und nicht erst einmal ist es ihm passiert, dass er vor geschlossener Ladentür stand. Dann muss er das Auto unrepariert wieder zusammenbauen oder bis zum nächsten Tag warten und bis dahin ohne Auto auskommen. Überflüssig zu erwähnen, dass Sean es hasst, am Auto etwas zu machen, und es so lange wie möglich hinauszögert.

DER
ERSTE-HILFE-TIPP
Nehmen Sie sich täglich bewusst
Zeit zum Planen.

Wenn er nur ein paar Minuten fundiert überlegen würde, bevor er sich auf die Reparatur stürzt, würde sich Sean eine Menge Zeit, Energie und Frustration ersparen. Mit ein bisschen Vorausplanung müsste er absehen können, was er für die Reparatur braucht, oder zumindest schon einmal ausfindig machen, wann der Händler geöffnet hat und wer ihn fahren kann.

Der Planungsvorgang

Um ein Projekt zu planen, brauchen Sie weder Schaubilder oder Grafiken noch Teambesprechungen (was für manche Aufgaben aber durchaus sinnvoll sein kann). Die Planung, von der ich spreche, besteht lediglich darin, sich ein wenig Zeit zum Überlegen zu nehmen, welche Geräte oder Materialien man braucht und wie man an das Projekt herangeht.

Prägen Sie sich diese Schritte wie folgt ein:
Denken
Schreiben
Sprechen
Vorstellen

Über den ersten Schritt, das »Denken«, haben wir eben gesprochen. Sehen wir uns nun noch der Reihe nach die nächsten Schritte an.

Schreiben

Das soll heißen, machen Sie sich eine Liste. Und zwar schriftlich. Solange Ihr Plan irgendwo in Ihrem Kopf herumschwirrt, ist er verschwommen und Sie erkennen keine Einzelheiten.

Sobald Sie Ihre »Planungsliste« zu Papier bringen, werden Sie feststellen, dass sich zwei Schwerpunkte herauskristallisieren: entweder wird es eine Liste mit Aufgaben, der Sie Priorität einräumen können, oder eine »Besorgungsliste« mit Werkzeugen und Einkäufen, die für das Fortkommen des Projektes vonnöten sind. So schreiben Sie vielleicht »Lebensmittel einkaufen« auf die Erledigungsliste und legen eine zweite Liste mit den verschiedenen Produkten an, die Sie kaufen müssen.

Sue organisiert Veranstaltungen für die über 1000 Mitarbeiter in der Verwaltung einer großen Brauerei in Milwaukee und arbeitet dabei immer mit diesem Zwei-Listen-System. Zur Planung des Sommerfestes steht auf der Erledigungsliste zum Beispiel: Thema auswählen, Termine für Teambesprechungen festlegen, Künstler buchen, mit Partyservice sprechen, Kindergeschenke bestellen, Dekomaterial besorgen und Fotografen verpflichten. Außerdem platziert sie auf ihrem Schreibtisch eine Liste mit gut fünfzehn Posten, die bestellt oder besorgt werden müssen, darunter geeignete Spiele für Kinder aller Altersgruppen, Blumendekorationen für die Tische, Festartikel, Süßigkeiten, Luftballons und Geschenke für alle, die bei der Planung mitgeholfen haben. Wenn sie so weit ist, dass die Bestellungen erfolgen können, hat sie schon alles zusammengeschrieben. Hätte sie diese Posten auf der Erledigungsliste festgehalten, müsste sie bis zum Einkaufszeitpunkt alles immer wieder übertragen. Außerdem käme ihr die Erledigungsliste zu erdrückend vor, wenn die 15 oder mehr Einkaufsposten auch noch darauf stünden.

Sprechen

Sprechen bedeutet, anderen von dem Projekt oder Vorhaben zu erzählen und dann zuzuhören. Sie werden erstaunt sein, wie viele hilfreiche Ratschläge, Methoden, Ideen und Aufmunterungen Sie damit auslösen. Und wer weiß, vielleicht bietet sogar jemand eine Ausrüstung an, mit der die Arbeit leichter von der Hand geht. Oder jemand will Ihnen helfen.

Taylor wünschte sich schon seit Jahren eine andere Arbeit, wusste aber nie genau, was oder wie sie eine Veränderung in die Wege leiten sollte. Schließlich beschloss sie, für ihren »Berufswechselplan« einfach einmal einen ersten Schritt zu wagen und ihren Freunden davon zu erzählen. Sie war überrascht, wie viele brauchbare Ratschläge sie daraufhin erhielt, und besonders freute es sie, als ein Freund ihr von einer Stellenausschreibung erzählte und ihr half, einen Termin für ein Vorstellungsgespräch zu erhalten. Sie bekam die Stelle und sagt heute, wenn sie gewusst hätte, dass die berufliche Veränderung so unkompliziert über die Bühne gehen würde, hätte sie nicht all die Jahre gezögert. Und noch ein Vorteil, wenn man über etwas spricht: Für manches, das als Problem erscheint oder für Verwirrung sorgt, ergibt sich die Lösung schon, wenn man einfach darüber redet.

Vorstellen

Eines der besten Planungswerkzeuge überhaupt ist Ihre Vorstellungskraft. Nehmen Sie sich ein paar Minuten Zeit, um sich auszumalen, wie Sie eine Arbeit ausführen. Stellen Sie sich jeden einzelnen Schritt vor, jedes Hilfsmittel, jedes Stück Papier oder jedes Formular, das Sie dazu benötigen, jede daran beteiligte Person und was Sie von dieser vielleicht brauchen. Sobald Sie sich ein Bild davon gemacht haben, was Sie erledigen müssen, werden Sie überrascht feststellen, wie glatt Ihnen die Arbeit von der Hand geht.

DER ERSTE-HILFE-TIPP

Planen Sie Ihre Arbeit.
Arbeiten Sie an Ihrem Plan.

Vor kurzem rief mich John an, ein Pfarrer, und bat mich, in seiner Gemeinde ein Seminar zu halten. Sein Wunschtermin lag mitten in einer extrem ausgefüllten Woche, und ich war mir nicht auf Anhieb sicher, ob ich mir noch einen Termin mehr zumuten könnte. »Lass mich kurz meine Woche in Gedanken durchgehen, dann rufe ich dich zurück«, schlug ich ihm vor. Nachdem ich meinen Kalender studiert und die Woche kurz Revue passieren lassen hatte, rief ich ihn an und bestätigte den Termin.

Er sagte, meine Methode, eine besonders voll gepackte Phase in Gedanken zu durchleben, gefalle ihm. Nach unserem ersten Telefonat waren vier Einladungen zu diversen Veranstaltungen bei ihm eingegangen. Jedes Mal sagte John, er wolle sich erst konkret vorstellen, wie sich der Tag oder die Woche gestalte, bevor er die Einladung annehme. Dann nahm er sich ein paar Minuten Zeit, malte sich die entsprechende Zeitspanne genau aus und konnte dann realistischer über seine Termine entscheiden. Dadurch ersparte er sich den Druck, der unweigerlich entsteht, wenn man spontan etwas zusagt, das sich gut anhört (oder wozu wir uns verpflichtet fühlen), einem aber zu viel wird, wenn es tatsächlich ansteht.

Das Beispiel von Sylvia veranschaulicht, welches Problem sich ergeben kann, wenn man für eine notwendige Arbeit nicht genügend Vorstellungskraft aufbringt. Sie arbeitete am Empfang in einer Kinderarzt-Gemeinschaftspraxis. Die Ärzte fragten sie, ob sie nicht Lust hätte, das Wartezimmer zu gestalten. Sylvia sagte begeistert zu, weil ihr diese Art von Arbeit großen Spaß macht. Die Ärzte wollten ihre kleinen Patienten schon einige Wochen vor anstehenden Feiertagen auf das jeweilige Ereignis einstimmen. Sie besorgten glitzernde Herzen für den Valentinstag, lustige Hasen für Ostern und prächtige Engel für Weihnachten. Sylvia fand die Sachen toll, schob das Umdekorieren aber immer wieder hinaus und erledigte es oft erst drei oder vier Tage vor dem Feiertag.

Gegenüber den Ärzten hatte sie die Entschuldigung, dass sie dieses Mal einfach überlastet war, aber beim nächsten Mal würden die Dekorationen viel früher hängen. Enttäuscht fragten sie die Ärzte, ob sie diese Aufgabe nicht als Teil ihrer Arbeit betrachte. »Nein, das ist es nicht«, wandte Sylvia ein.

»Möchten Sie sich selbst umsehen und anderes Dekomaterial besorgen?«, erkundigten sich die Ärzte weiter.

Wieder protestierte Sylvia: »Nein, ich finde das, was wir haben, toll.« Ehrlich gesagt wusste sie selbst keine Antwort, warum sie immer erst in allerletzter Minute dekorierte.

Die Aufgabe war für Sylvia im Grunde eine einzige Qual, und sie ging ihr aus dem Weg, weil sie ihr zu anstrengend war. Erst musste sie die Trittleiter hochsteigen, dann wieder runter, um das Klebeband zu holen. Schließlich wieder die Leiter hoch. Dann wieder runter wegen der Schere. Manchmal musste sie die ganze

Praxis nach einem Klebestift oder dem richtigen Farbmarker durchsuchen. Nur um einfaches Dekomaterial aufzuhängen, stieg sie zwölf Mal die Leiter rauf und runter. Die Arbeit dauerte viel länger als nötig, und Sylvia kam dabei heftig ins Schwitzen. Am nächsten Tag taten ihr Arme und Beine weh.

DER ERSTE-HILFE-TIPP
Wenn Sie beim Planen versagen,
planen Sie das Versagen.

Aber mit einem Minimum an Planung hätte Sylvia alles anders machen können. Mit etwas Vorstellungskraft hätte sie sich rechtzeitig das nötige Handwerkszeug überlegen, alles zusammentragen und Fehlendes kaufen können (ein Maßband, Reißnägel, einen Hammer, Nägel, verschiedene Klebebänder) und dies alles in eine kleine Box packen, die man zusammen mit der Leiter überallhin mitnehmen kann. Damit hätte das ewige Herumrennen und Rauf- und Runterklettern sofort ein Ende gehabt, das Dekorieren hätte nur halb so lange gedauert und, das Wichtigste dabei, Sylvia hätte sich den ganzen Frust ersparen können.

Hätte sie mit etwas mehr Vorstellungsvermögen geplant, wäre das Dekorieren für Sylvia sicher wieder zu einer Aufgabe geworden, die sie gerne übernahm.

Ein Paar, das zu planen versteht

Lucy und Jack verstehen beide zu planen. Als sie letztes Jahr ihr Haus renovierten, widmeten sie viel Zeit und Einsatz der Planung ihrer Arbeiten. Sie schrieben eine Erledigungsliste, auf der sie jeden nur denkbaren Arbeitsschritt festhielten, sowie eine Besorgungsliste mit allen erforderlichen Werkzeugen, Geräten und Einkäufen und richteten sich ein tragbares Projektzentrum mit einem Ringbuch und einer Fächermappe ein (siehe Kapitel 6).

Etwa einmal pro Woche setzten sie sich zusammen und erstellten eine Erledigungsliste für die nächste Woche (manchmal auch nur für den nächsten Tag), auf der sie jeden Schritt der folgenden Arbeiten festhielten. Sie bestimmten, wer sich wann um was kümmern sollte, und überprüften, ob sie noch weiteres Werkzeug oder Material anschaffen mussten.

Lucy und Jack nutzten in ihren Planungen auch die Vorteile eines gemeinsamen Gesprächs sowie ihr Vorstellungsvermögen. Sie erteilten jedem, der sie danach fragte, Auskunft über ihre nächsten Projekte. Ein Freund bot Jack seinen Elektrotacker zum Befestigen der Isolierungen an, und Jacks Schwester wollte auf die Kinder aufpassen, während die beiden tapezierten.

Aufgrund ihrer Angewohnheit, sich jeden einzelnen Schritt vorher lebendig auszumalen, konnte Lucy gezielt Prioritäten setzen und mögliche Schwierigkeiten sofort eliminieren. So stellte sie sich noch vor dem Einziehen einer Wand einen Raum mit allen Möbeln darin vor und bemerkte, dass eine Ecke zu wenig Licht bekam. Bevor es zu spät war, konnten sie und Jack noch ein kleines achteckiges Fenster in diese Wand einfügen. Durch eine Kombination aus Vorstellung und Planung konnten Lucy und Jack die Renovierung sehr effizient durchführen und waren mit dem Ergebnis mehr als zufrieden.

Das Leben wird so viel einfacher, wenn Sie es sich zur Gewohnheit machen, im Voraus zu planen, anstatt sich Hals über Kopf in ein Projekt zu stürzen. Die Arbeit geht flüssiger voran und ist schneller erledigt, und das Endprodukt weist in der Regel bessere Qualität auf. Bevor Sie also nächstes Mal ein Projekt beginnen, nehmen Sie sich Zeit, alles zu überdenken, Ihre Listen und Ideen schriftlich zu fixieren, anderen davon zu erzählen und das beste und hilfreichste Planungsinstrument überhaupt einzusetzen, nämlich Ihre Vorstellungskraft.

Wenn Sie sich angewöhnen zu planen und sich nicht unreflektiert auf eine Arbeit zu stürzen, wird auch das Problem des Aufschiebens in Kürze keines mehr sein.

ZUM NACHDENKEN

Jede Zeit der Planung spart das Drei- oder Vierfache an Zeit bei der Ausführung.
Crawford Greenwalt

Wenn du nicht weißt, wohin du gehst, führt jede Straße nach Nirgendwo.
Henry Kissinger

Wenn du etwas beginnen musst, dann bringe es auch zu Ende, denn wenn du beginnst und mittendrin aufhörst, lässt dir die unfertige Arbeit keine Ruhe.
Chogyam Trungpa

Willst du vom Leben bekommen, was du dir wünschst, heißt der erste Schritt unweigerlich: Entscheide dich, was du dir wünschst.
Ben Stein

Du brauchst langfristige Ziele, um dich nicht von kurzfristigen Fehlleistungen entmutigen zu lassen.
Charles C. Noble

Alles was du willst, wartet da draußen auf dich. Alles was du willst, will auch zu dir. Du musst nur handeln, um es zu bekommen.
Jack Canfield

Wenn du auf nichts zielst, triffst du es bestimmt.
Verfasser unbekannt

FLEISSAUFGABEN

1. Welche Lebensziele möchten Sie in fünf Jahren erreicht haben?

   ____

2. Welche Pläne, Prioritäten und Erwartungen möchten Sie in einem Jahr realisiert haben?

   ____

3. Was haben Sie sich für den nächsten Monat vorgenommen?

   ____

4. Was haben Sie sich für nächste Woche vorgenommen?

   ____

5. Was haben Sie sich für heute vorgenommen?

   ____

8

Weg mit dem Krempel

Das Zeitmanagement hat sich im Lauf der Jahre verändert. Vor kurzem hörte ich einen Redner sagen: »Früher war Zeitmanagement der Ratschlag, ›jedes Blatt Papier nur einmal in die Hand zu nehmen‹. Es ist höchste Zeit, diese alte Maxime zu vergessen und eine neue einzuführen.« Nun, ich würde die alten Prinzipien des Zeitmanagements nicht so schnell über Bord werfen.

Ein Schreibtisch, der unter Bergen von Papier verschwindet, kann sämtliche Produktivität im Keim ersticken und dem Aufschieben alle Wege ebnen. Unordnung setzt einen Teufelskreis in Gang. Einerseits schieben Sie es hinaus, Blätter zu sortieren und Überflüssiges auszusondern, andererseits trägt aber genau dieses Durcheinander an Papier oft dazu bei, dass Sie Dinge aufschieben, und verstärkt die Tendenz noch zusätzlich.

Shirley, eine Teilnehmerin an einem meiner Seminare und bei einer Regierungsbehörde angestellt, erläuterte uns, wie sie und sämtliche ihrer Mitarbeiter es schaffen, dass jeder von ihnen die Arbeit von zwei oder mehr Leuten erledigt, und das mit geringeren Hilfsmitteln und weniger Unterstützung aus anderen Abteilungen. Früher bildeten sich auf ihrem Schreibtisch riesige Papierstapel. Als sie in Alan Lakeins Buch *How to Get Control of Your Time and Your*

Life zum ersten Mal den Rat las, jedes Blatt Papier nur einmal in die Hand zu nehmen, wurde ihr klar, so erzählt sie, dass sie viel zu viel Zeit damit verschwendete, die gleichen Schriftstücke immer und immer wieder umzuschichten. Also schrieb Shirley Lakeins Rat »Nimm jedes Blatt Papier nur einmal in die Hand« auf eine Karteikarte und heftete diese über ihren Stapeln an die Wand, um sich immer wieder daran erinneren zu lassen, nicht dauernd umzuschichten, sondern bei jedem Blatt Papier nach dem ersten Durchlesen zu entscheiden, was damit passieren soll. Das ist inzwischen zur Gewohnheit geworden. Wenn sie sich ab und zu doch wieder beim Umschichten von Papier ertappt, hält sie sich an Lakeins Rat und ist gleich wieder auf der richtigen Bahn.

Die »alten« Grundsätze des Zeitmanagements besitzen noch immer Gültigkeit, und es gibt keinen Grund, von ihnen abzurücken. Aber die Zeiten ändern sich, und wir haben heute neue und andere Anforderungen an ein effizientes Zeitmanagement. Für heute gilt, dass wir immer zu viel zu tun, zu viel zu lesen und zu viele neue Informationen aufzunehmen haben. Unsere neue Zeit ruft nach einigen neuen Regeln, die uns helfen, unsere Zeit zu managen:

- Du kannst nicht alles tun.
- Du kannst nicht alles lesen.
- Du kannst nicht alles aufnehmen.

Du kannst nicht alles lesen

Viele Regeln früherer Zeiten, die Ihnen noch in den Ohren klingen, haben heute keine Gültigkeit mehr. So hat Ihnen vielleicht Ihr Lehrer in der zweiten Klasse gesagt: »Lass keine Wörter aus. Lies jedes einzelne Wort auf der Seite vor dir genau. Jedes einzelne Wort!«

Diese Regel können wir heute aus der Grundschule verbannen. Unsere Großeltern, vielleicht auch noch unsere Eltern, waren noch in der Lage, sämtliche Briefe, Handzettel, Rundschreiben, Zeitungen, Zeitschriften und Kataloge zu lesen, die sie interessierten. Das schaffen Sie nicht mehr. Niemand kann das heutzutage noch. Solange Sie diese Tatsache nicht akzeptieren, schaffen Sie eine Verlust-/Verlust-Situation. Entweder fühlen Sie sich als Verlierer, weil Sie so viel ungelesenes Papier ansammeln, oder aber Sie fühlen sich als Verlierer, weil Sie in der Zeit, die Sie für den Versuch, alles zu lesen, verbrauchen, einige wirklich wichtige Dinge in Ihrem Leben vernachlässigt haben.

Als Shirley noch mehr von den erdrückenden Papierbergen in ihrem Büro erzählte, sagte sie auch, dass sie sich von Zeit zu Zeit die Stapel, die sich in ihr Leben drängen, bewusst ansieht und nichts anderes dabei denken kann als: »Seiten und nochmals Seiten an Informationen überall, und nicht ein gescheites Wort dabei.«

Es ist Zeit, die Tatsache zu akzeptieren, dass Sie all das, was Sie lesen möchten, nur lesen können, wenn Sie sich von Ihrem momentanen Leben abwenden, Einsiedler werden und jeden wachen Augenblick damit verbringen, mit größter Geschwindigkeit zu lesen. Das Zauberwort heute heißt *Prioritäten setzen.* Selektieren Sie, was wichtig ist, und vergessen Sie den Rest.

Papier, überall nur Papier

Sehen Sie sich einmal die Berge von Papier in Ihrem Leben an. Wachsen bei Ihnen im Büro oder zu Hause die Stapel an Schreiben, Informationen, Fachzeitschriften, Werbesendungen, Zeitschriften, Katalogen und Anzeigenblättern ständig an? Haben Sie Angst, kommende Generationen könnten nicht mehr erleben, wie ein Baum aussieht, weil sie alle umgesägt und zu Papier verarbeitet werden (die Bäume, nicht die Kinder) und Ihren Briefkasten verstopfen oder Ihren Schreibtisch überfluten? Starren Sie hoffnungslos und hilflos auf die Papierberge und haben keine Ahnung, wo Sie anfangen sollen? Beginnen Sie voller Entschlossenheit, das Papierchaos zu lichten, enden aber früher oder später wimmernd und in Embryonalhaltung zusammengekauert in einer Ecke? Je überzeugter manche Leute vorhersagen, wir würden schon bald in »papierlosen Büros« arbeiten, umso mehr Papier scheint sich um uns herum aufzutürmen.

Weiter vorne haben wir von »kleinen einzelnen Schritten« gesprochen, wenn uns eine Aufgabe überdimensional erscheint, aber wenn es um das Sortieren von Papier geht, hilft dieses Prinzip oft nicht. Man kann sich nicht einfach hinsetzen und sortieren, und dann ist man damit durch. Wenn Sie nicht konsequent ablegen, wegwerfen, zum Recycling geben, bearbeiten oder jedes Blatt dorthin legen, wohin es gehört, erreichen Sie gar nichts und müssen mit dem ganzen Stapel nur wieder von vorne anfangen. Das Geheimnis heißt körperliche Bewegung. Sie müssen aufstehen und umhergehen, um die einzelnen Blätter an die jeweils richtige Stelle zu räumen. Machen Sie sich nachstehendes Motto zu eigen und befolgen Sie es möglichst oft:

Im Sitzen sortieren,
im Stehen ablegen.

Wenn Sie für Ihre Blätter und Unterlagen keinen festen Platz haben, schaffen Sie rechtzeitig einen. Selbst wenn Sie Ihre Akten in einen Karton packen und in einem Schrank, unter dem Schreibtisch oder dem Bett verstauen müssen, haben Sie zumindest schon einen Platz, an dem Sie nach dem Sortieren Ihre Papierstapel unterbringen und aufbewahren können.

IHR FREUND, DER PAPIERKORB

Um der Papierberge Herr zu werden, müssen Sie sich eine andere Einstellung zu Ihrem Papierkorb zulegen. Er ist nicht der Feind, der all Ihre wichtigen Informationen schluckt. Er ist vielmehr der Freund, der gefüttert werden muss. Also geben Sie Ihrem Papierkorb Futter.

Schaffen Sie sich gleich mehrere Papierkörbe an, einen für jeden Ort, an dem sich Papier häuft. Es gibt sie in ansprechenden Farben und Formen, aber hüten Sie sich vor den ganz kleinen, hübschen, es sei denn, auch Ihre Papierstapel sind ganz klein und hübsch. Mega-Papierberge verlangen nach Mega-Papierkörben. Nach vielen.

Wenn Sie beginnen, die Papieransammlungen zu minimieren, können Sie nach dem gleichen System auch gegen den Müll in Ihrem Computer vorgehen. Es wird Ihnen plötzlich leichter fallen, sich von alten, überholten E-Mails, Dateien, Adressverzeichnissen, Witzen, Cartoons und Gedichten zu trennen und sie in den Papierkorb zu entsorgen.

Wenn Sie erst einmal akzeptiert haben, dass es nicht Ihr Ende ist, sich mutig von Papierbergen zu trennen, wird Sie das ganze Lesefutter, das sich in Ihr Leben drängt, nicht mehr überfordern, lähmen und zum Aufschieben zwingen. Und Sie können sich auf eine ganz neue Erfahrung freuen: den Spaß, der sich beim Füttern des Papierkorbs einstellt.

Zu viel des Guten

Nun kommen wir zu einer meiner liebsten Fragen, wenn es um überflüssige Papierberge geht, eine Frage, die sich jeder von uns mindestens einmal im Jahr stellen sollte: Wollen Sie wirklich Geld bezahlen, Ihr eigenes, schwer verdientes Geld, um Ihre Papierberge noch zu vergrößern? Die meisten von Ihnen würden bestimmt antworten: »Nein, ich hasse diese Papierberge! Warum sollte ich auch noch Geld dafür ausgeben?«

Aber genau das tun Sie mit jedem Abonnement einer Zeitschrift, die Sie eigentlich gar nicht wollen oder brauchen. Wie geht es Ihnen mit so mancher abonnierten Zeitschrift, die einfach zu viel des Guten ist? Schreien Sie voller Begeisterung: »Hurra, endlich ist sie da! Ich werde sie noch heute vor dem Einschlafen lesen«?, oder brummen Sie: »Oh nein, schon wieder ein Heft. Das werde ich mir vornehmen, wenn ich die anderen sechs gelesen habe, für die ich bisher auch keine Zeit hatte.«?

Fragen Sie sich selbst: »Warum habe ich diese Zeitschrift gekauft?« Ging es Ihnen um die fachlichen Beiträge? Um die Gesundheitstipps? Die Rezepte? Um Investment-Informationen? In diesem Fall trennen Sie die Artikel heraus, die Sie noch brauchen, legen Sie ab und überlassen die Zeitschrift Ihrem Freund, dem Papierkorb oder der Recyclingtonne. Haben Sie die Zeitschrift gekauft, um jedes Wort darin zu lesen? Wenn ja, haben Sie die Zeit, jeden Monat eine ganze Ausgabe zu lesen? Falls Sie das schaffen, kein Problem. Falls Sie aber die Zeit dazu nicht haben, machen Sie kurz Pause und überdenken Sie die Situation. Wäre es nicht besser für Sie, Sie würden alle paar Monate, wenn Sie wirklich die Zeit dafür haben, im Laden oder am Zeitungskiosk ein Heft kaufen, anstatt die ungelesenen Exemplare zu horten und sich ein schlechtes Gewissen zu machen? Haben Sie die Zeitschrift gekauft, weil sie wichtige Informationen für Ihren Beruf oder Ihr Hobby enthält? Dann suchen Sie einen festen Platz, an dem Sie alle Ausgaben sammeln und aufbewahren, und akzeptieren Sie die Tatsache, dass Sie nicht die Zeit haben, jedes einzelne Wort zu lesen, aber jederzeit darin nachschlagen können.

Herman bewahrte in seiner Werkstatt mehrere Kartons mit Elektronik-Zeitschriften auf. Nachdem er eines meiner Seminare mitgemacht hatte, wurde ihm bewusst, dass er sich um diese Kartons nicht mehr kümmern wollte und er den Platz viel besser für andere Dinge nutzen konnte. Er fand heraus, dass in der Bücherei auch ältere Ausgaben der abonnierten Zeitschrift zugänglich waren, also entsorgte er seine ohne jedes Bedauern. Wenn er sich nun über Themen aus der Elektronik informieren will, ist ihm der zuständige Bibliothekar behilflich, relevante Beiträge weitaus schneller ausfindig zu machen, als es gedauert hätte, wenn er alle seine alten Zeitschriften der Reihe nach hätte durchforsten müssen. Und wenn es ihn danach verlangt, einige ältere Ausgaben nur so durchzublättern, kann er das ebenfalls in der Bücherei machen und muss zu Hause keine Papierberge anhäufen. (Eigenartigerweise besitzt dieser Elektronikguru keinen Computer. Aber wehe, wenn er herausfindet, was das Internet alles an Informationen zu bieten hat.)

Sandy, eine andere Seminarteilnehmerin, half Freunden beim Umzug in ein neues Haus. In den Umzugskartons befanden sich unter anderem 18 Jahrgänge der Zeitschrift *National Geografic*. Die Freunde waren erst zehn Jahre verheiratet, aber der Vater des Mannes hatte ihnen noch acht Jahrgänge vermacht. (Wie großzügig!) Sandy fragte die beiden, ob sie glaubten, die *National Geografic*-Sammlung könne eines Tages wertvoll werden. Sie antworteten: »Nein, aber die Bilder sind so toll, wir können sie einfach nicht wegwerfen.« Sandy pflichtete ihnen bei, dass die Bilder schön waren, aber 18 Jahrgänge waren eine Menge Kartons. Schwere Kartons!

Wenn Sie genügend Platz haben, Zeitschriften aufzubewahren, und sich auch gerne darum kümmern, ist alles bestens. Sie haben kein Problem damit. Doch wenn Sie bereit sind, sich davon zu trennen, können Sie sich überlegen, ob Sie sie nicht einem Krankenhaus, der Bücherei oder Ihrer Arztpraxis schenken wollen. Vielleicht hat auch ein Lehrer oder ein Jugendgruppenleiter Verwendung für Zeitschriften mit schönen Abbildungen. Oder Sie überlassen die Hefte einfach der Recyclingtonne. Ich will Sie keinesfalls dazu animieren, für Sie persönlich wichtige oder mit Erinnerungen verbundene Ausgaben von Zeitschriften wegzuwerfen, nur jene, die Ihr Leben ersticken – Ausgaben, die Sie bestimmt nie mehr lesen oder brauchen werden.

Dieser Katalog ist ihr letzter

Das Thema Kataloge können wir nicht unerwähnt lassen. Sie wissen, welche ich meine. Als die ersten paar ins Haus schneiten, waren Sie noch fasziniert von all den bewundernswerten Gerätschaften. Dann wurde Ihre Adresse durch Zauberhand an jedes Versandhaus der Welt weiterverkauft, und inzwischen brauchen Sie einen größeren Briefkasten, damit noch alle Kataloge Platz haben. Meine Nachbarin Ellen zeigte mir einmal die Kataloge, die innerhalb einer Woche bei ihr eingetroffen waren. Sie konnten es kaum fassen, aber sie und ihr Ehemann hatten Kataloge für Gartenzubehör, Küchenzubehör, Reisezubehör, alles um Wale (ja, Wale), Kinderausstattung, Produkte aus Irland, internationale Produkte, Schreibzubehör, Spieldosen und noch vieles mehr bekommen. Ellen sagte, sie habe eine Zeit lang Angst gehabt, einen sensationellen Artikel zu übersehen, wenn sie nicht jeden Katalog von vorne bis hinten durchsah.

Glauben Sie mir: Wenn Sie wirklich etwas übersehen, können Sie es immer noch bestellen, wenn der nächste Katalog kommt oder der übernächste. Ellen bekam einen Katalog mit dem Hinweis: »Das ist Ihre letzte Chance. Wenn Sie jetzt nicht bestellen, wird Ihr Name aus unserer Mailingliste gestrichen.« Diese eine Firma schickte ihr sieben dieser letzten Chancen.

Wenn Sie es einfach nicht schaffen, Kataloge unbesehen wegzuwerfen, aber auch nicht die Zeit haben, sie zu studieren und sie zu den Papierbergen legen, verfahren Sie wie folgt: Legen Sie sie beiseite, ohne auch nur einen von ihnen durchzusehen, bis sich ein großer Stapel gebildet hat. Dann gehen Sie die Sammlung einer Woche oder eines Monats in einem Zug durch. Bei den ersten paar werden Sie noch jede Seite begutachten. Dann fangen Sie an, Seiten zu überblättern. Und schließlich werden Sie manche entsorgen, ohne überhaupt noch einen Blick hineingeworfen zu haben.

Vorsicht bei Sammelwut

Ein großer prozentualer Anteil aller Aufschieber gehört nicht nur zu den Liebhabern von Papierbergen, sondern pflegt zudem auch noch eine Sammelwut, die sich auf ein breites Spektrum ganz ordinärer oder auch sehr ausgefallener Gegenstände erstrecken kann.

Wenn ewige Aufschieber in einem meiner Seminare die Frage hören, »Warum zögern Menschen, sich von ihrem Krempel zu trennen?«, sitzen sie nur da, lächeln, blicken verständnislos in die Runde und haben nicht die geringste Vorstellung, was diese Frage soll. Der Grund für diese Befremdung: Sie haben selbst absolut nicht das Gefühl, ihr Krempel habe etwas mit Aufschieben zu tun. Sie schieben es nicht hinaus, Dinge wegzuwerfen, sie denken nicht einmal daran, etwas loswerden zu wollen, selbst wenn diese angehäuften Besitztümer ihr Leben unnötigerweise verkomplizieren.

Die Frage muss lauten: »Warum hängen Leute an ihrem Krempel?« Und die Antwort gehört in aller Regel zu einer der folgenden Kategorien:

1. Ich liebe meinen Krempel.
2. Ich könnte das eine oder andere irgendwann einmal brauchen.
3. Ich kann einfach nichts wegwerfen.

Seminarteilnehmer geben oft zu, es wäre besser für sie, wenn sie nicht so viel überflüssige Dinge besäßen. (In manchen Fällen kann Sammelwut zu ernsthaften Problemen führen, vor allem wenn sie den Partner verrückt macht.) Fast immer sind sie darauf versessen, jeden einzelnen Grund, warum sie so an ihren Schätzen hängen, zu erläutern. Während des Gesprächs kommen sie allmählich zu der Erkenntnis, dass sie ihren Plunder eigentlich doch gerne loshätten. Doch diese Entscheidung fällt erst, *nachdem* sie genauer erforscht haben, warum sie so an ihren Schätzen hängen.

Erster Grund: Ich liebe meinen Krempel

Manchmal ist die Liebe zu unserem Plunder nur eine Erinnerung. Viele unserer Schätze haben uns vor langer Zeit einmal echte Freude gemacht oder einen Zweck erfüllt, doch unsere Bedürfnisse haben sich verändert, und wir haben heute keinen Spaß mehr an diesen Sachen, vor allem dann nicht, wenn wir sie dauernd abstauben und sauber machen oder einen Aufbewahrungsplatz dafür finden müssen. Also überprüfen Sie für sich, ob Sie sich um all diese Sachen weiter kümmern wollen.

Als ich zum allerersten Mal den Kampf gegen meinen Krempel aufnahm, stellte ich fest, dass ich unter einer ernst zu nehmenden Beeinträchtigung litt – Sentimentalität. Sentimentalität ist der Fluch all jener, die sich von nichts trennen können. Erlebte ich irgendwo etwas Schönes, musste ich ein Souvenir kaufen, ein Programmheft oder eine Eintrittskarte aufheben oder ein anderes Erinnerungsstück ergattern, um das Andenken daran zu bewahren. Nein, ich spreche nicht von wunderschönen Wandgemälden, ich bewahrte einen kleinen Plastikpinguin auf, den mein Sohn vor vielen, vielen Jahren an einem sonnigen Frühlingstag im Zoo erstanden hatte.

Unser Haus war mit den unterschiedlichsten schönen Dingen geschmückt, die meine Kinder einmal gemacht haben, darunter getöpferte Schildkröten aus dem Kunstunterricht in der vierten Klasse und auf Pfadfindertreffen gemalte Wandtafeln. Zudem hatte ich ein riesiges Sortiment an Staubfängern wie Nippes und Büchern zusammengetragen. (Wenn es so etwas wie einen *Bü-*

chernarren gibt, dann war ich einer. Ich konnte nur selten an einer Buchhandlung vorbeigehen, ohne ihr einen Besuch abzustatten. Buchhandlungen wirken auf mich wie überdimensionale Staubsauger, sie saugen mich einfach ein. Und natürlich hätte ich nie im Traum daran gedacht, eine Buchhandlung zu verlassen, ohne etwas erstanden zu haben.) Ich weiß bis heute nicht genau, warum ich alle diese Bücher gekauft habe. Dafür weiß ich, dass ich bei vielen nicht dazu gekommen bin, sie zu lesen.

Gelesene Bücher wurden an Freunde weitergegeben oder kamen in den »Bestand«, das heißt, sie erhielten einen bestimmten Platz in einem Bücherregal. Aber manchmal fing ich mit einem Buch an und las es nicht zu Ende. Doch anstatt es als »gelesenes Buch« zu behandeln, legte ich es auf ein bestimmtes Bord mit »Schlechtes-Gewissen-Büchern«, die ich irgendwann einmal zu Ende lesen wollte. Dann waren da noch die Bücher, die ich überhaupt nie angefangen habe, die mich nie mehr interessierten, die ich nie mehr brauchte oder wollte. Als ich anfing, mein Haus zu entrümpeln, entdeckte ich in dieser Kategorie mehr Bücher, als ich mich zuzugeben traue.

Beim Durchsehen aller meiner Bücher und anderer Sammlerstücke stellte ich mir folgende Fragen:

1. Das habe ich vielleicht einmal gern gemocht, aber mag ich es immer noch?
2. Das habe ich vielleicht einmal gebraucht, aber brauche ich es immer noch?
3. Das hat mir vielleicht einmal Spaß gemacht, aber macht es mir immer noch Spaß, wenn ich es abstauben muss, wenn ich immer wieder einen neuen Platz dafür suchen muss und mich erdrückt fühle, weil das und so viele andere Sachen Platz in meinem Haus beanspruchen? Will ich mich wirklich darum kümmern?

Schließlich biss ich die Zähne zusammen und fing an, Entscheidungen zu treffen. Wenn ich etwas immer noch gut fand, blieb es da. Fand ich es nicht mehr gut, musste es weg. Halbgute Sachen kamen ebenfalls weg, weil ich schon zu viele gute Sachen habe.

Zwölf Tipps für weniger Chaos zu Hause

1. Laden Sie sich ab und zu jemanden ein, damit die Wohnung geputzt wird.
2. Nutzen Sie die Fernsehzeit, um Rechnungen zu bezahlen, Wäsche zu falten, Kataloge und Zeitschriften durchzublättern und so weiter.
3. Räumen Sie in den Werbepausen auf.
4. Wenn Sie ein Zimmer ausmisten, fangen Sie an der Türschwelle an und arbeiten Sie sich nach links oder rechts vor. Auf diese Weise können Sie nach einer Unterbrechung an der Stelle weitermachen, an der Sie aufgehört haben.
5. Nehmen Sie sich entrümpeln und sauber machen nicht für denselben Tag vor, damit es Ihnen nicht zu viel auf einmal wird.
6. Bewahren Sie sämtliche Informationen, die Wohnung und Haushalt betreffen (Versicherungen, Garantieurkunden, Belege, Bedienungsanleitung für Elektrogeräte) zusammen in einer Mappe, einem Ordner, einer Schublade, einem Schreibtisch, einem Karton oder einer Papiertragetasche auf.
7. Gehen Sie nie mit leeren Händen die Treppen hoch, wenn etwas nach oben zu bringen ist.
8. Verlassen Sie einen Raum nie mit leeren Händen, wenn sich etwas darin befindet, das nicht hineingehört.

9. Werfen Sie immer einen Blick über die linke Schulter, bevor Sie einen Raum verlassen. Nehmen Sie allen Müll, den Sie entdecken, sofort mit.
10. Lernen Sie delegieren.
11. Lernen Sie ignorieren. Beziehungen sind wichtiger als die Jagd nach Staubflusen.
12. Suchen Sie sich eine Putzhilfe, und wenn es nur alle heilige Zeiten einmal ist.

Heute sind manche – aber beileibe nicht alle – meiner Bücher weg. Viele Souvenirs sind weg. Der meiste Nippes, der nur als Staubfänger diente, ist weg. Aber mein Haus ist immer noch mit Töpferarbeiten aus der vierten Klasse geschmückt, mit Pfadfinder-Wandtafeln und netten selbst gemachten Dingen. Und ich bin glücklich.

Ach ja, auch der kleine Plastikpinguin ist noch bei uns, und wird es vermutlich auch für immer bleiben.

Zweiter Grund: Ich könnte das eine oder andere irgendwann einmal brauchen

Viele Sammelwütige lassen diesen Grund für alles gelten, dem man das Wort *alt* voranstellen kann. »Eines Tages brauche ich vielleicht wirklich … alte Elektrogeräte, Knöpfe, Lehrbücher, Kleider, kaputte Spielsachen, Holzstücke, Holzfaserplatten oder Vertäfelungen, Kochtöpfe, rostige Nägel, Vorhänge, leere Klebebandabroller, Filmdosen, Autoteile und diese drei Teller und die Tasse von meinem alten Geschirr.« Aber wann hat Sie zum letzten Mal jemand angerufen, um sich alte, verblichene Vorhänge auszuleihen? Wenn Sie bisher nichts davon gebraucht haben und auch im Moment nichts brauchen, warum sollten Sie es in der Zukunft einmal brauchen?

Wenn Sie in der Arbeit mit Autos zu tun haben und alte Autoteile tatsächlich verwenden oder eine Einsatzmöglichkeit für alte Knöpfe haben, ist das etwas anderes. Oder wenn Sie etwas aufheben, weil es einen bestimmten Wert besitzt oder ein Sammlerstück ist, ist das auch etwas anderes. Aber informieren Sie sich als Erstes genauer über den Wert, den es besitzt oder einmal besitzen könnte. Vielleicht stellt sich heraus, dass Sie Zeit und Aufwand im Gegenwert von Hunderten von Euro einsetzen, um ein paar Autoteile zu retten, die, wenn Sie Glück haben, in fünfzig Jahren einmal 32,75 Euro wert sind.

Wie können Sie es sich erklären, dass Sie all diese alten Dinge aufheben, die sich anhäufen, aber von denen Sie noch nie auch nur ein Teil verwenden konnten? Und selbst wenn unter den alten Sachen etwas wäre, das Sie eines Tages brauchen könnten, wüssten Sie dann noch, dass Sie es haben, oder würden Sie es unter all dem Plunder finden?

Stellen Sie sich folgende Situation vor: Ihr Toaster geht kaputt. Sie kaufen sich einen neuen. Was machen Sie mit dem alten? Wegwerfen? Nein, Sie heben ihn irgendwo auf, denn: »Vielleicht kann ich ihn noch einmal brauchen, wenn der neue kaputt geht.« Aber der alte ist auch schon kaputt!

Dazu sagt der notorische Aufschieber: »Vielleicht könnte ich aber ein Teil aus dem alten Toaster brauchen, um den neuen zu reparieren.« Früher war das ein stichhaltiges Argument. Man schlachtete ein altes Gerät aus, um sich die Ersatzteile für ein anderes zu besorgen. Ging der Fernseher kaputt, wühlte der Nachbar in den staubigen Ecken seiner Garage, fand in einem alten Fernseher eine Röhre, setzte sie ein, und der Kasten ging wieder. Aber diese Zeiten sind vorbei. Bei den modernen High-Tech-Geräten kann man keine Teile mehr austauschen.

Und wie ist es mit den anderen Dingen, »die Sie vielleicht noch einmal brauchen«? Heben Sie ausgewaschene oder zerrissene Kleidungsstücke auf, damit Sie sie anziehen können, wenn Sie die Wohnung streichen oder den Hund baden? Jeder von uns braucht ein oder zwei Garnituren für schmutzige Arbeiten, aber niemand braucht einen ganzen Kleiderschrank davon.

Und was ist mit all den zu klein gewordenen Sachen, die Sie immer für später aufheben, »wenn ich ein paar Kilo abgenommen habe«? Werden Sie sie wirklich noch tragen? Hätten Sie nicht das Gefühl, Sie verdienen schöne neue Kleider, wenn Sie sich die Mühe machen abzunehmen und wieder rank und schlank sind?

Hier ist noch ein Beispiel: Haben Sie Hefte und Bücher aus Ihrer eigenen Schulzeit oder Aufzeichnungen aus Seminaren aufgehoben, weil Sie glauben, Ihre Kinder oder Bekannte »könnten sie eines Tages einmal brauchen«? Aber können Sie sich allen Ernstes vorstellen, Ihr Kind im Teenageralter interessiert sich für einen Stapel angestaubter, vergilbter, unleserlicher Hefte und Schulbücher mit Fotos von Menschen mit dämlichen Frisuren und sagt: »Mensch toll, die kann ich wirklich gut brauchen.«

Möglicherweise zögern Sie auch, sich von manchen Dingen zu trennen, weil Sie glauben: »Egal, was ich entsorge, ich weiß genau, noch am gleichen Tag werde ich es brauchen.« Nun gut, was ist, wenn Sie irgendwann einmal etwas brauchen, was Sie vorher weggeworfen haben? Oder es gerne wieder hätten? Die meisten Sachen kann man notfalls ersetzen. Überlegen Sie, wie schwierig es ist, etwas, das Sie eventuell wegwerfen wollen, zu ersetzen. Wie teuer wäre es? Dann wägen Sie die Wiederbeschaffungskosten (im *unwahrscheinlichen* Fall, dass Sie es eines Tages doch brauchen würden) gegen die Zeit, Mühe und Energie ab, die es erfordert, sich um dieses Teil zu kümmern, das Sie vielleicht nie mehr brauchen.

Gewiss, wir alle kennen das deprimierende Gefühl, wenn man drei Jahre lang einer Ausgabe der *Zehn Regeln für den Katzenfreund* die Treue gehalten hat und am Tag, nachdem sie in den Altpapiercontainer gewandert ist, ein Bekannter anruft und fragt, ob er sie ausleihen kann. Solche Befürchtungen können Sie entkräften, indem Sie sich sagen: »Ich helfe gerne jedem, wo ich nur kann, aber ich kann nicht dafür verantwortlich sein, alles Mögliche aufzuheben, weil irgendjemand es irgendwann einmal irgendwo brauchen könnte.«

Wenn Sie erst einmal die Freiheit geschmeckt haben, die sich einstellt, wenn Sie sich von altem Plunder trennen und realisieren, dass die Welt am Tag darauf noch steht, wird es Ihnen bald leichter fallen, sich von Sachen zu trennen, ohne dauernd zu befürchten, Sie würden sie noch einmal brauchen.

Dritter Grund: Ich kann einfach nichts wegwerfen

Das ist wohl der häufigste Grund, warum sammelwütige Menschen allen möglichen Krempel anhäufen. Der ganze Kram bedeutet ihnen nichts und sie glauben auch nicht, irgendwann einmal noch Verwendung dafür zu haben. Aber sie können ihn einfach nicht wegwerfen.

Macht Ihnen die Vorstellung, sich von manchen Ihrer Besitztümern zu trennen, Stress, dann geben Sie nicht zu schnell auf. Erforschen Sie als Erstes die Ursachen, warum manche Menschen nichts wegwerfen können.

»Ihr wisst ja nicht, wie es damals, während der Depression, war«, haben mir schon Menschen gesagt, die nichts weggeben können. (Merkwürdigerweise habe ich das auch schon von Leuten gehört, die erst zwanzig Jahre nach der Depression geboren wurden.) Oder: »Meine Familie war ziemlich arm, als ich ein Kind war.«

Aber glauben Sie wirklich, Sie könnten, falls wieder schwere Zeiten über Sie hereinbrechen, Ihrer Familie mit 178 alten Filmdosen oder zwölf kaputten Toastern helfen? Wenn Sie Ihren Plunder loswerden möchten, aber schon erfolglos alles versucht haben, um es in die Tat umzusetzen, sollten Sie allen Ernstes professionelle Beratung in Erwägung ziehen.

Vermittelt Ihnen Ihr Krempel ein Gefühl finanzieller Sicherheit? Sich an Dinge zu klammern, die man eigentlich hasst, weil sie »vielleicht« einmal wertvoll werden könnten, macht keinen Sinn.

Gehen Sie das Thema finanzielle Sicherheit konstruktiver an. Fangen Sie heute an, jede Woche einen kleinen Betrag auf ein Sparkonto einzuzahlen. Denn wie sich Kleinzeug zu einem Berg an Plunder anhäuft, ergeben auch kleine, wöchentlich gesparte Geldbeträge schnell eine nette Summe, aber mit dem entgegengesetzten Resultat. Ihre finanzielle Situation wird Ihnen gut gefallen, und das damit verbundene Gefühl der Sicherheit macht es Ihnen vermutlich leichter, manchen Krempel, den Sie als »Sicherheitspolster« aufbewahrt haben, zu entsorgen.

Sagen Sie dem Plunder adieu!

Wenn Sie dazu bereit sind, ihren Plunder auszumisten, habe ich hier einige Vorschläge, wie Sie den »Entsorgungs-Gang« leichter einlegen können. Unterscheiden Sie als Erstes zwischen Dingen, die Sie wegwerfen, und Dingen, die Sie behalten sollten. Gibt Ihnen Ihre Habe ein Gefühl der Wärme, Sicherheit und Freude, handelt es sich höchstwahrscheinlich nicht um Plunder, sondern um eine Sammlung vieler Schätze. Behalten Sie diese Dinge. Überlegen Sie sich eine nette Art, sie aufzubewahren oder zu präsentieren.

Machen Sie sich aber nichts vor. Was Ihnen früher einmal ein gutes Gefühl gegeben hat, muss heute kein Quell der Sicherheit mehr sein. Es kann sich sehr gut zu einer Plage entwickelt haben. Hier haben Sie drei Beispiele von Menschen, die ihre Einstellung gegenüber ihren Besitztümern neu bewertet haben.

Entrümpelungs-Tipps

Trennen Sie sich von Dingen,

- die Sie noch nie gemocht haben,
- die Sie nicht finden, wenn Sie sie brauchen,
- die defekt oder veraltet sind (und eine Reparatur nicht mehr wert sind),
- die keinen Zweck mehr erfüllen,
- bei denen Größe, Farbe oder Machart nicht stimmen,
- die Sie sauber machen, einlagern, versichern müssen oder die Platz brauchen, aber keinen Nutzen oder keinen Spaß bringen,
- die mehr Ärger als Nutzen bringen,
- die Ihnen nicht wirklich fehlen würden, wenn Sie sie nie mehr wieder sehen.

Heben Sie eventuell Dinge auf,

- die Ihnen Freude machen,
- die zu Ihrem Lebensunterhalt beitragen,
- die emotionalen oder spirituellen Wert für Sie besitzen,
- die Sie als nützlich betrachten,
- die einen größeren finanziellen Wert besitzen (ein Comic-Heft, das einen Euro gekostet hat, werden Sie wohl kaum aufheben, weil Sie es in 57 Jahren einmal für 1,50 Euro verkaufen können),
- die die nächste Generation vielleicht auch zu schätzen weiß.

Jessicas Sammlung von Puppen und Plüschtieren ist über die Jahre so angewachsen, dass sie nur noch wie ein Haufen Plunder wirkte. Bei genauerer Überlegung kam sie zu der Erkenntnis, dass jede Puppe ihre ganz besondere Geschichte hatte, bestimmte Erinnerungen weckte, die ihr noch immer viel bedeuteten. Also fand sie eine schöne Lösung, die Puppen hinter Glas auszustellen, so dass sie keinen Staub mehr ansetzen konnten. Dann machte sie sich daran, die Plüschtiere auszusortieren, aber das funktionierte nicht. Daher beschloss sie, alle bis auf drei zu entsorgen, da die meisten schon ziemlich verschossen waren und schmuddelig aussahen und ihr keine richtige Freude mehr machten.

Tanner besaß eine Sammlung von Pokalen, die über das ganze Haus verteilt waren. Sie hatten ihm einmal ziemlich viel bedeutet, und wenn er sie betrachtete, kamen eine Menge glücklicher Erinnerungen in ihm hoch. Nun, viele Jahre später, waren sie ihm nicht mehr so wichtig. Aber anstatt sie wegzugeben, verpackte er sie schön ordentlich in beschriftete Schachteln und muss sie nun nicht mehr abstauben, arrangieren, sich um sie kümmern oder sich ärgern, wenn die Hunde sie umstoßen.

Die Garage von Shannon beherbergte so ungefähr alle alten und kaputten Elektrogeräte, die sie je besessen hatte. Sie weiß selbst nicht mehr, warum sie sie all die Jahre aufgehoben hat, aber nun hat sie sich entschieden, dass sie für diesen ganzen Krempel nicht mehr verantwortlich sein will und es an der Zeit ist, sich von ihm zu trennen.

Wie werden Sie Ihren Krempel los?

Wenn die Teilnehmer an meinen Seminaren diese verschiedenen Verhaltensmuster unter die Lupe nehmen und darüber diskutieren, wird ihnen häufig klar, dass eine chaotische Umgebung zu chaotischem Denken führt und chaotisches Denken den Hang zum Aufschieben verstärkt. Also fassen Sie (endlich!) den Entschluss, Ihren Krempel loszuwerden. Die Frage ist nur, wie?

Es gibt Dutzende Möglichkeiten, wie man überflüssige Dinge aus seinem Leben entfernen kann, ohne zum Müllcontainer gehen und ihm seine Schätze einverleiben zu müssen. Falls Sie zu den Sammelwütigen gehören, liegt die Lösung nicht unbedingt darin, Dinge in den Müll zu befördern, weil die Wahrscheinlichkeit recht hoch ist, dass Sie um zwei Uhr morgens auf Zehenspitzen zur Mülltonne schleichen, um alles, was Sie weggeworfen haben, wieder herauszufischen.

Eine Möglichkeit, sich von nicht mehr benötigten Dingen zu trennen, ist ein privater Flohmarkt, bei dem Sie sogar noch Geld für Ihren Krempel bekommen. Aber nicht jeder mag die Organisation und Mühe auf sich nehmen, einen solchen Flohmarkt zu veranstalten, Preise festzulegen und ein ganzes Wochenende lang in der Garage oder im Vorgarten herumzusitzen. Und manche ertragen die Vorstellung nicht, dass andere Menschen ihre Schätze kaufen und wegtragen. Es ist auch ein wirklich bewegender Anblick, wenn man zusehen muss, wie ein Mann einem Auto hinterherrennt und sein geliebtes Hirschgeweih zurückkaufen will.

Wenn ein privater Flohmarkt, aus welchen Gründen auch immer, für Sie nicht das Richtige ist, fragen Sie Freunde, die einen abhalten, ob Sie Ihre Sachen dazustellen dürfen. Als Gegenleistung können Sie beim Auszeichnen der Sachen helfen, den Kassierer für ein paar Stunden ablösen oder eine Beteiligung am Erlös anbieten.

Eine ausgesprochen befriedigende Möglichkeit, Krempel aus dem Haus zu schaffen, ist es auch, die Sachen an eine gemeinnützige Organisation weiterzugeben. Sie können Sachen für eine Kirchenaktion spenden oder an einen Verein, der mehrmals im Jahr bei Ihnen zum Sammeln vorbeikommt oder irgendwo in Ihrer Nähe einen Sammelcontainer aufgestellt hat. Manche Verbände nehmen auch defekte Geräte oder Möbel an, andere nicht. Manche wollen nur Kleidungsstücke, anderen sind auch alte Brillen, Bücher, Haustierzubehör, alte Briefmarken oder defekte Computer willkommen. Hören Sie sich um, oder blättern Sie die Gelben Seiten durch und klären vorab telefonisch, welche Organisation welche Artikel annimmt. Erkundigen Sie sich im Rathaus, bei den Kirchen, Büchereien oder Familienverbänden, welche Vereinigungen mit Ihrem Krempel noch etwas anfangen können. Wenn Sie Ihre alten Sachen weitergeben, helfen Sie damit nicht nur anderen und sich selbst, Sie tun auch der Umwelt einen Gefallen damit.

Wenn Sie sich entschlossen haben, bestimmte Dinge zu spenden, es aber noch nicht übers Herz bringen, sich tatsächlich von ihnen zu trennen, packen Sie sie in Tüten oder Kartons, die Sie mit dem aktuellen Datum beschriften und in einem Schrank, im Keller, auf dem Dachboden, in der Garage oder in einer Ecke im Schlafzimmer unterstellen. Nach sechs Monaten (oder was immer Sie sich als Termin gesetzt haben) geben Sie die Schachteln bei einer Stelle ab, die Ihnen Ihre Besitztümer mit großer Freude abnehmen wird. Sehen Sie nicht mehr hinein. Wenn Sie die Sachen in den vergangenen Monaten nicht gebraucht haben, werden Sie sie auch in Zukunft nicht mehr brauchen. Wenn Sie es immer noch nicht schaffen, sich davon zu trennen, bitten Sie einen Bekannten, die Kartons wegzubringen.

Rufen Sie einen Nicht-Sammelwütigen zu Hilfe!

Wenn es Ihnen mit dem Entrümpeln ernst ist, Sie aber keinen Anfang finden, übersehen Sie sehr wahrscheinlich eine der wunderbarsten Anlaufstellen überhaupt: Freunde. Vielleicht erstaunt es Sie zu sehen, dass nicht jeder Mensch Krempel aufhebt und sammelt. Aus Gesprächen mit verschiedenen Freunden wird sich ziemlich sicher ergeben, dass Sie mehrere Menschen kennen, die im Entrümpeln Meister sind und Ihnen gerne zur Hand gehen. Wie können Ihnen diese Freunde helfen?

GESCHENKE, GESCHENKE UND NOCHMALS GESCHENKE

Sie würden ja liebend gerne diese Alligatorschädellampe hinauswerfen, die einen Meter hohe Fruchtbarkeitsvase, das bedruckte Samtkissen aus Las Vegas, aber es geht einfach nicht, weil es ein Geschenk der Eltern ist. Es würde ihnen beim nächsten Besuch sofort auffallen, dass es nicht mehr da ist.

Zugegeben, manchmal brechen Geschenke einfach über einen herein und man ist ihnen machtlos ausgeliefert. Stehen Sie dem Schenkenden sehr nahe, können Sie ihm vielleicht erklären, dass Sie keine Verwendung für das Geschenk haben, weil …, doch dazu erfordert es sehr viel Taktgefühl, und selbst dann riskiert man, einen geschätzten Menschen zu verletzen. Sind schon ein paar Jahre vergangen, seit Sie das Geschenk bekommen haben, können Sie einfach erklären, es sei nun an der Zeit, es wegzustellen, weiterzuverschenken oder auszutauschen. Da es schwierig sein kann, ein hässliches oder unerwünschtes Geschenk wieder loszuwerden, ist es weitaus besser, schon rechtzeitig vorbeugende Maßnahmen zu ergreifen und die Schenkenden auf die richtige Fährte zu weisen. Fragt Sie jemand, was Sie sich zum Geburtstag wünschen, antworten Sie dann etwa »nichts«? Das kann nur zwei Konsequenzen haben. Entweder Sie bekommen das, was Sie sich gewünscht haben (also nichts), und das ist gut so, es sei denn, Sie haben es nicht so gemeint. (Geben Sie es ruhig zu, ein *wenig* verletzt wären Sie schon, wenn man Sie beim Wort nimmt, nicht wahr?) Oder Sie bekommen trotzdem etwas, in der Hoffnung, dass es Ihnen gefallen wird. Und vielleicht gefällt es Ihnen ja auch, dann haben Sie Glück gehabt. Wenn nicht, haben Sie noch etwas für die Sammlung an Gegenständen, von denen es in Ihrer Wohnung bereits zu viele gibt. Sie könnten aber auch akzeptieren, dass die anderen Ihnen *gerne* etwas schenken und froh sind zu erfahren, was Sie sich wünschen. Die Ehe- und Familientherapeutin Patricia Connelley hatte eine tolle Idee für ihren 60. Geburtstag. Sie hatte eine Menge Leute zu ihrem Fest eingeladen und wusste, dass sich niemand vorstellen konnte, mit leeren Händen zu erscheinen. Patricia wollte wirklich keine Geschenke, in ihrem Haus war einfach kein Platz mehr. Also schrieb sie auf die Einladungen, die Freunde möchten Essen für die örtliche »Tafel« mitbringen. Am Tag nach dem Fest fuhr sie einige hundert Kilo Essen zu einer Organisation, die Menschen in Not hilft. Das erwies sich im Nachhinein als eine Idee, von der alle profitierten: Patricia, ihre Freunde (die etwas schenken wollten) und am meisten zahlreiche Menschen, denen es nicht so gut ging. Wenn Sie gefragt werden, was Sie sich zu einer bestimmten Gelegenheit wünschen, dann *sagen* Sie es. Wenn Sie nicht gefragt werden, lassen Sie durchblicken, dass Sie gerne einige Vorschläge machen können. Machen Sie genaue Angaben. Beschreiben Sie das, was Sie sich wünschen, möglichst exakt, und sagen Sie, in welchem Geschäft Sie es gesehen haben. Oder suchen Sie sich verschiedene Artikel in unterschiedlichen Preislagen aus einem Katalog aus, so dass die Schenkenden selbst etwas auswählen können. Auf diese Weise bekommen Sie Sachen, die Ihnen auch tatsächlich gefallen.

Brauchen oder wollen Sie nicht noch mehr Dinge, wünschen Sie sich

- eine Jahreskarte für ein Museum, den Zoo oder eine Mitgliedschaft in einer kulturellen Organisation,
- einen Gutschein für ein Essen, einen Brunch, eine Massage oder einen großen Eisbecher,
- Karten für eine Show oder ein Theater,
- ein Buch, das Sie lesen und dann an Freunde oder die Bücherei weitergeben können,
- eine Spende an eine gemeinnützige Organisation, die Ihnen am Herzen liegt.

Lassen Sie es nicht mehr zu, dass es Ihnen schlecht geht, weil wohlmeinende Menschen, die Sie mögen, Sie mit Dingen eindecken, die Sie weder brauchen noch wollen.

Um erfolgreich gegen den Krempel vorzugehen und dankbar Geschenke annehmen zu können, müssen Sie freundlich und kreativ mit den Menschen kommunizieren, denen Sie immerhin so viel bedeuten, dass sie Ihnen Geschenke machen wollen.

Sie können Ihnen Mut machen, indem sie Ihnen plausibel machen, dass die Welt nicht untergeht, wenn Sie sich von Ihrem Gerümpel trennen. Sie können Ihnen auch entscheiden helfen, worauf Sie gut verzichten können. Hope, eine ehemalige Teilnehmerin an einem meiner Seminare, erzählte, einer ihrer ersten Entrümpelungsversuche zielte auf ihren Kleiderschrank. Sie bat ihre Freundin Sandra, sich mit einer Tasse Kaffee dazuzusetzen und ihr Mut zu machen, sich von mindestens der Hälfte aller Sachen, die sie nie trug, zu trennen. Sandra fragte: »Wann hast du das zum

TIPPS GEGEN ÜBERFLÜSSIGE PAPIERBERGE

- Füttern Sie den Papierkorb.
- Befreien Sie sich von allem, was Sie nicht brauchen.
- Überfliegen Sie den Posteingang gleich nach dem Eintreffen.
- Sparen Sie sich bei unerwünschten Werbesendungen auch das Überfliegen, werfen Sie diese gleich unbesehen weg.
- Leiten Sie alles an Schriftstücken, um die sich jemand anders kümmern kann, an die entsprechenden Personen weiter.
- Legen Sie für alles, was sich aufzuheben lohnt, einen Platz fest und bewahren Sie alles Papier dort auf.
- Machen Sie sich bewusst, dass es nicht das Ende ist, wenn Sie sich von etwas trennen.
- Geben Sie Altpapier zum Recycling.
- Fragen Sie sich selbst: Wollen Sie sich wirklich um so viel Papier kümmern? Wollen Sie wirklich wertvollen Platz für überflüssige Papierberge opfern?

letzten Mal angehabt?« Antwortete Hope: »Das trage ich nie«, gab Sandra ihr den Rat: »Dann weg damit.«

Hope brauchte die Freundin für genau eine Aktion. Danach war sie in der Lage, kaum getragene Sachen zu inspizieren und sich selbst einzugestehen, dass sie ein Fehlkauf waren. Heute überlegt sie eingehender, bevor sie etwas kauft. Und unterläuft ihr doch ein Fehlkauf, versucht sie, den Artikel rechtzeitig zurückzugeben, anstatt ihn jahrelang im Schrank hängen zu haben.

Haben Sie erst einmal Freunde ausfindig gemacht, die gerne auf das Wesentliche reduzieren, organisieren und Ihnen unter die Arme greifen, ist es vielleicht gar nicht notwendig, diese zu sich nach Hause zu bitten. Schon allein die Schilderung Ihrer Fortschritte am Telefon kann ungemein motivierend wirken.

Jeder Schritt, den Sie gegen das Aufschieben unternehmen, gibt Ihnen ein Gefühl von mehr Freiheit, und Kontrolle über Ihren Papierkram und allen möglichen Krempel befähigt Sie vielleicht auch mehr, Ihre Zeit und Ihr Leben besser in den Griff zu bekommen. Und es mag durchaus sein, dass Ihnen die Beine ein klein bisschen leichter werden, je weiter Sie auf Ihrer Reise vorwärts kommen.

ZUM NACHDENKEN

Das Leben ist nicht ein Haben und Bekommen, sondern ein Sein und Tun.
Verfasser unbekannt

Im Leben muss es um mehr gehen, als alles zu haben.
Maurice Sendak

Die besten Dinge im Leben sind meist gar keine Dinge.
Verfasser unbekannt

Solange du nicht in Frieden akzeptieren kannst, wer du bist, wirst du nie damit zufrieden sein, was du hast.
Doris Mortman

Wenn wir nichts Großartiges leisten können, können wir Kleines auf großartige Weise leisten.
Verfasser unbekannt

Während wir aufschieben, eilt das Leben vorbei.
Seneca

Motivation ist, wenn sich deine Träume Arbeitskleider anziehen.
Hal Roach

Du musst genau das tun, von dem du glaubst, du kannst es nicht.
Eleanor Roosevelt

Wenn ich etwas ein Jahr lang nicht benutzt habe, kann es für mein Leben nicht so wichtig sein.
Rita Emmett

FLEISSAUFGABEN

Überprüfen Sie Ihren ganzen Krempel (nicht den der anderen) an folgenden Stellen:

- Hof
- Auto
- Wohnzimmer
- Küche, inklusive Kochrezepte
- Esszimmertisch
- Bad, inklusive Medizinschränkchen
- Schlafzimmer

- Garage
- Keller/Dachboden
- Gästezimmer
- Schubladen und Schränke
- Nischen
- Schreibtisch
- Bücherregale
- Vorratsschrank
- Geldbörse/Brieftasche
- Aktentasche

Ist das alles wichtig? Brauchen Sie es wirklich? Können Sie auch ohne das leben? Wollen Sie sich weiterhin darum kümmern? Wollen Sie Platz dafür opfern? Wollen Sie es dauernd vor Augen haben? Es aufräumen? Entscheiden Sie sich jetzt.

NOCH EINE FLEISSAUFGABE

Nehmen Sie sich in den nächsten Wochen täglich 15 Minuten Zeit, um Ihre Papierberge zu sortieren, abzulegen, zu bearbeiten oder zum Altpapier zu geben.

Tun Sie es!

9

Aufschieben kann teuer kommen

Es mag Sie überraschen, aber stetes Aufschieben kann sich ganz erheblich auf Ihren Geldbeutel auswirken. Aber man muss nur das Wort Geld erwähnen, und schon schalten viele Menschen ganz abrupt in den Aufschiebegang. Schieben Sie es hinaus, sich über Ihre Finanzen Gedanken zu machen? Zögern Sie es hinaus, Rechnungen zu bezahlen oder Ihren Kontostand auszugleichen? Haben Sie sich vorgenommen, regelmäßig Geld anzusparen oder anderweitig zu investieren? Setzt Sie der Abgabetermin für die Einkommensteuererklärung alljährlich so unter Druck, dass Sie wie aufgescheucht durch die Gegend rennen und nach Belegen und Steuerformularen wühlen und den Umschlag schließlich in allerletzter Sekunde einwerfen? Aber nächstes Jahr, das haben Sie sich ganz fest vorgenommen, fangen Sie früher damit an.

Vor ein paar Jahren rief mich Eddie an, der damals gerade eine erfolgreiche Internet-Marketingfirma aufbaute, und fragte mich um Rat, weil er seine Steuerangelegenheiten immer vor sich herschob. Er seufzte und sagte: »Ich weiß, wie man eine Firma gründet, wie man kalkuliert, Mitarbeiter führt und ein Produkt verkauft. Aber die Steuererklärung ist mir ein solches Gräuel, dass ich mir alles bis zur letzten Minute aufspare und sie ganz miserabel mache.« Er war erschöpft und frustriert, nachdem er das ganze Haus auseinander genommen hatte, um alle nötigen Unterlagen für seine Steuererklärung zusammenzutragen. Dann schilderte er mir das erste Treffen mit seinem Steuerberater. Eddie brachte alle Belege in einer Plastiktüte aus dem Supermarkt an. Der Steuerberater lachte laut drauflos, als er das sah.

Ein Rezept gegen den Frust mit der Steuererklärung

Wie für die meisten Menschen, denen ihre Steuererklärung verhasst ist, war auch für Eddie die gute alte Regel, »ein fester Platz für alles, und alles an seinen festen Platz«, der erste Schritt. Er hatte bereits Ordner für seine Rechnungen und Belege angelegt, so dass er sofort Zugriff auf sie hatte, wenn er während des Jahres etwas nachsehen musste. Sein Problem waren die verschiedenen Schriftstücke, die sich ab Mitte Januar zu türmen begannen: Steuerformulare, Zinsmitteilungen, Einnahmen- und Ausgabenaufstellungen, Artikel und Notizen mit Steuerspartipps und andere Unterlagen, die mit der Steuer zusammenhingen, für die es aber keinen speziellen Ordner gab. Diese Unterlagen waren früher oder später über das ganze Haus verteilt.

Eddies Problem hatte zum Teil auch damit zu tun, dass er keinen Platz für ein separates Büro hatte und seine Umsätze sprunghaft anstiegen. Voller Optimismus erzählte er mir, dass zwei seiner Kinder schon im Teenageralter waren und sicher bald das Haus verlassen würden, dann hätte er einen eigenen Raum als Büro. Ich brachte es nicht übers Herz, ihn darüber aufzuklären, dass heutzutage viele junge Leute gar nicht mehr so wild darauf sind, von zu Hause auszuziehen, und manche »in die Welt hinausziehen und sich vermehren« und dann wieder in den Schoß der Familie zurückkehren.

Eddie beschloss, sein Problem aus verschiedenen Gründen in Angriff zu nehmen:

- Er hatte es satt, dass er sich vor seinen Freunden zum Gespött machte und seine Brüder ihn hänselten, weil er die Steuererklärung immer wieder auf den letzten Drücker abgab.
- Er wollte, dass seine Geschäftspartner ihn respektierten. Aber es wirkte nicht gerade sehr professionell, wenn er wie ein Irrer durch die Gegend rannte, um den Termin einzuhalten.
- Die Gefahr, Fehler zu machen und wichtige Posten zu vergessen, war größer, wenn er sich alles bis zur letzten Minute aufsparte.
- Er hasste es, Mahngebühren und Säumniszuschläge zu bezahlen.

Also stellten wir einen Plan auf, wie er seine für die Steuer relevanten Unterlagen besser zusammenhalten konnte. Als Erstes legte er alles einfach nur in einen Karton, den er in einem Schrank oder meinetwegen sogar unter dem Bett aufbewahren konnte. Der Inhalt musste zwar für die Steuererklärung noch sortiert und zugeordnet werden, aber immerhin waren die Unterlagen schon einmal an einer Stelle, und nichts fehlte oder lag irgendwo anders. Später benutzte er einen Karton mit großen, beschrifteten Umschlägen als Ablagesystem, das er schließlich durch eine Kunststoffbox mit Hängeordnern ersetzte, die er in einem Fachgeschäft für Bürobedarf gekauft hatte. (Vielleicht geht es Ihnen wie Eddie und es hilft Ihnen, gelegentlich in einen Laden für Bürobedarf zu gehen und sich einfach umzusehen, welche Produkte überhaupt erhältlich sind, um Ihnen das Leben durch bessere Organisation leichter zu machen.)

Eddie half es auch, sich einen Zeitplan für die Arbeit an der Steuererklärung aufzustellen. Wenn sich die Unterlagen schon Monate vor dem Termin zu türmen beginnen, fängt er an, rückwärts zu planen. Er legt den Termin fest (und trägt ihn in seinen Kalender ein), an dem er die Formulare ausgefüllt haben will, und schließlich den Termin, an dem er damit anfangen muss. Egal, ob Sie zu einem professionellen Steuerberater gehen oder die Aufgabe selbst übernehmen, auch Sie können sich angewöhnen, rückwärts zu planen.

Zur Planung gehört, dass Sie sich bildhaft ausmalen, wie Sie die Arbeit erledigen. Was brauchen Sie dazu? Bestimmte Formulare oder Informationen? Hilfe oder Ratschläge von anderen? Müssen Sie sich mit jemandem verabreden? Schreiben Sie dies alles auf Ihre Liste. Setzen Sie sich die Deadlines absichtlich früher als unbedingt notwendig. Überlegen Sie sich dann kleine, aber wirkungsvolle Belohnungen, die Sie dazu motivieren, die verschiedenen Teilbereiche der Aufgabe rechtzeitig zur Deadline fertig zu

ANTI-AUFSCHIEBE-STRATEGIE FÜR DIE STEUER

1. Planen Sie rückwärts.
2. Legen Sie einen Platz für die Ausgaben- und Einnahmenbelege fest.
3. Legen Sie einen Platz für alle anderen Steuerunterlagen fest.
4. Nehmen Sie Hilfe in Anspruch, wenn es nötig ist (ein Buch, einen Steuerberater, ein Computerprogramm, kompetente Freunde).
5. Belohnen Sie sich selbst.

machen, und setzen Sie eine große Belohnung aus, wenn die ganze Arbeit getan ist, also wenn der Steuerbescheid im Postkasten ist und Sie sämtliche Kopien sorgfältig abgelegt haben.

Eddie erledigt heute seine Einkommensteuererklärung mit Hilfe eines Computerprogramms ganz alleine. Dank der Tipps und Techniken, die er dazu einsetzt, bringt er das Projekt lange vor dem Abgabetermin über die Bühne. Den »alten Eddie«, so sagt er, der sich immer alles bis zur letzten Minute aufsparte, gibt es nicht mehr.

Zinsen kommen Sie teuer zu stehen

Stetiges Aufschieben kann Sie bares Geld kosten, wenn dadurch Mahngebühren oder Verzugszinsen anfallen. Dazu zählen auch die horrenden Gebühren für geplatzte Schecks. (Sie haben sich eine ganze Weile nicht um Ihren Kontostand gekümmert und nicht gemerkt, dass es weit überzogen ist.) Wenn Sie ab und zu einmal vergessen, die Rechnung für eine Kundenkreditkarte oder für Strom und Wasser rechtzeitig zu bezahlen, ein ausgeliehenes Buch oder ein Video termingerecht zurückzubringen, hat das noch keine tief greifenden Auswirkungen auf Ihre Finanzen, aber wenn es zur Gewohnheit wird, müssen Sie Straf- und Überziehungsgebühren bezahlen, die ganz schön von Ihrem schwer verdienten Geld zehren können.

Addieren Sie alle Überziehungszinsen und Mahngebühren, die Sie im Lauf eines Jahres bezahlen, und überprüfen Sie, ob die Summe es rechtfertigt, sich eingehender um dieses Problem zu kümmern. Cass, die als Single lebt, erzählte mir, dass sie sich vorgenommen hatte, alle ihre Kundenkreditkarten auf null zu bringen, aber dauernd musste sie etwas kaufen. Ihre fünf Kreditkarten ergaben schon seit Jahren zusammengerechnet ein Minus von 7000 Euro. Und nichts schien sie davon abhalten zu können, mit diesen Kreditkarten einzukaufen. Sie selbst rechtfertigte ihr Handeln mit dem Argument: »Die monatlichen Zinsen sind gar nicht so hoch.« Sie hatte sich einige Kreditkarten mit niedriger Zinsrate aufschwatzen lassen, später aber nicht mehr beachtet, dass nach der Einführungsfrist die Zinsraten auf 17 Prozent und mehr anstiegen. Einige Unternehmen heben den Zinssatz auch an, wenn eine Zahlung zu spät erfolgt.

Als wir uns die Zinsen ansahen, die sie für jede Karte bezahlte (15,5 Prozent, 17,5 Prozent, für zwei Karten 18 Prozent und für eine 21 Prozent), stellten wir fest, dass Cass auf die 7000 Euro im Durchschnitt 18 Prozent Zinsen jährlich bezahlte, das entspricht einem Betrag von 1260 Euro im Jahr! Cass wurde klar, dass sie für die Zinsen, die sie jedes Jahr bezahlte, leicht eine Sieben-Tage-Kreuzfahrt in der Karibik machen konnte, was sie immer für völlig unrealistisch gehalten hatte. Außerdem fand sie heraus, dass sich die »paar Mal«, die sie noch zusätzlich Verzugsgebühren für jede Karte bezahlen musste, immerhin auch auf 200 Euro im Jahr summierten.

Plötzlich war Cass motiviert. Sie kündigte alle Kreditkarten bis auf zwei. Die eine Karte blieb in einer Schublade im Schlafzimmerschrank und war für den Notfall gedacht, wenn sie tatsächlich etwas kaufen musste, auf das sie nicht sparen konnte. Indem sie diese Karte zu Hause aufbewahrte, beugte sie »Spontankäufen« vor. Die andere Karte, die sie in ihrer Geldbörse aufbewahrte, war nur für die Tankstelle bestimmt.

Sie legte einen realistischen Zeitraum fest, um ihre Konten auszugleichen, ihr Einkaufsverhalten zu ändern, ihren Lebensstandard herunterzuschrauben und bewusster Dinge anzuschaffen. Innerhalb von nur 22 Monaten war Cass schuldenfrei und kann diesen Status nun schon seit mehreren Jahren aufrechterhalten.

Cass unternahm mit dem Geld, das sonst für die Zinsen draufgegangen wäre, zwei Winter in Folge eine Karibik-Kreuzfahrt. Sie hat gelernt, finanzielle Dinge nicht mehr auf die lange Bank zu schieben, und zudem eine göttliche Lösung gefunden, dem Winter im Mittleren Westen der USA zu entfliehen!

Wenn kleine Geldbeträge durch Löcher sickern, die durch ständiges Aufschieben entstanden sind, kann das im Laufe der Zeit große Summen ergeben, und genauso können kleine, regelmäßig gesparte Beträge zu einem richtigen Vermögen anwachsen.

Spesenabrechnung

Reichen Sie Spesenabrechnungen erst mit erheblicher Verspätung zur Erstattung ein? Wenn ja, übernehmen Sie selbst die Zinsen für alle Ausgaben, die Sie nie mehr erstattet bekommen. Auch das ist eines der Löcher, durch das Ihr hart verdientes Geld sickert.

Fangen Sie an, das Loch zu stopfen, indem Sie herausfinden, wo genau in diesem Ablauf Ihr Problem liegt. Lassen Sie die Abrechnung wochen- und monatelang liegen und können Sie sich dann nur noch ungenau erinnern, was alles dazugehört und welche Belege Ihnen noch fehlen? Brauchen Sie einen festen Platz, an dem Sie alle Belege und Unterlagen aufbewahren können, oder ein bestimmtes Ablagesystem?

Formulare und Abwicklungsweise von Spesenabrechnungen variieren sogar bei gleichen Berufsgruppen, hören Sie sich also einmal um. Fragen Sie andere in Ihrer Branche und Ihrer Position, wie diese den Vorgang organisieren und effizient gestalten, oder erkundigen Sie sich nach ganz bestimmten Problemstellungen, etwa wie man Posten ohne Belege, wie zum Beispiel Trinkgelder, nachweist und abrechnet. Schreiben Sie auf Ihre Erledigungsliste »Spesenabrechnungen ausfüllen« und tragen Sie in

Ihrem Kalender einen festen Termin dafür ein (zum Beispiel immer am Freitag um 10 Uhr). Ist das Sammeln oder der Zugriff auf Belege das Problem, legen Sie »für alles einen Platz« fest. Ob das ein Ordner, ein Karton oder ein Umschlag ist, spielt keine Rolle. Wichtig ist nur, dass Sie einen festen Platz für die Belege haben und diese auch dort sammeln.

Und vergessen Sie eines nicht: Wenn Sie sich ein System überlegt und es sich zur festen Gewohnheit gemacht haben, Ihre Spesenabrechnungen innerhalb eines angemessenen Zeitrahmens zu erledigen, haben Sie sich eine Belohnung verdient. Freuen Sie sich, dass Sie die verhasste Arbeit hinter sich haben.

Stellen Sie einen Sparplan auf!

Vielleicht sparen Sie kurzfristig auf einen Urlaub oder eine Anzahlung oder langfristig für ein Studium oder eine gute Altersversorgung. Was immer Sie sich vorgenommen haben, es geht stets darum, weniger auszugeben, als Sie verdienen, so dass eine bestimmte Summe zum Anlegen übrig bleibt, und dass Sie diese dann auch anlegen. Zu Beginn können Sie möglicherweise nur einen kleinen Betrag abzweigen, doch wenn Sie regelmäßig diesen kleinen Betrag sparen, wird sich auch damit im Lauf der Zeit eine schöne Summe ergeben. Und eines ist sicher: Jeder noch so klein angelegte Sparplan ist besser als gar keiner.

Michael trug als Junge Zeitungen aus, und als er sein Erstes selbst verdientes Geld in der Hand hielt, erzählte er seiner Mutter, was er sich damit alles kaufen wolle. Sie sagte zu ihm: »Egal wie groß der Betrag ist, aber bezahle erst dich selbst.« Sie erklärte ihm, wie man sich einen Sparplan zurechtlegt, und half ihm, diesen in die Tat umzusetzen. Als er in seiner Superman-Plastikspardose 10 Euro

BEIHILFEN, STIPENDIEN UND ZUSCHÜSSE

Wenn man es dauernd hinauszögert, Anträge für Beihilfen, Stipendien oder Zuschüsse zu stellen, kann einen das Zeit und Chancen kosten. Zu spät abgegebene Anträge werden in der Regel nicht mehr berücksichtigt.

Das können Sie vermeiden, indem Sie rückwärts planen. Legen Sie einen Termin fest, an dem Sie den Antrag abschicken wollen oder müssen. Setzen Sie sich dann eine Deadline, zu der Sie alle Bestimmungen durchgelesen und eine Liste erstellt haben, welche Dokumente und Informationen Sie brauchen und wen Sie anschreiben oder anrufen müssen.

Ein Student aus meinem Bekanntenkreis befasste sich eine Woche vor Abgabetermin mit einem Antrag für eine Studienbeihilfe. Er stellte dabei fest, dass er beglaubigte Abschriften seiner Schulzeugnisse brauchte, und musste bei seinem Anruf in der alten Schule erfahren, dass diese nur schriftlich angefordert werden können. Da er nur noch sieben Tage Zeit hatte, überschritt er den Abgabetermin, vergab sich die Chance auf finanzielle Unterstützung und musste ein ganzes Semester verschenken. Wenn er rückwärts geplant hätte, wäre ihm das nicht passiert.

gespart hatte, nahmen sie die Münzen und eröffneten damit bei der ortsansässigen Bankfiliale ein Sparkonto. Michaels Mutter erinnerte ihn immer wieder daran, unabhängig davon, was er sich wünschte oder brauchte: »Bezahle zuerst dich selbst.« Schließlich wurde ein Ritual daraus: Michael und seine Mutter gehen in die

Bank, hinüber zum Kassenschalter, Michael reicht dem Kassierer fünf bis zehn Euro in Münzen und sein Sparbuch, der trägt die Summe ein und gibt Michael das Sparbuch zurück. Michael machte es Spaß zu beobachten, wie die Summe immer größer wurde.

Als sich Michael Jahre später sein erstes Auto kaufte, konnte er sich dank seines Sparbuches sein Wunschmodell aussuchen. Auch die ganze Collegezeit hindurch arbeitete er und verwendete einen Teil seiner Einkünfte (egal wie klein dieser Anteil war), um als Erstes sich selbst zu bezahlen.

Mit Anfang zwanzig konnte er, in erster Linie dank seines konsequenten Sparens, zusammen mit seiner Verlobten Danielle genügend Eigenkapital für den Kauf eines Hauses aufbringen. Die beiden haben heute zwei kleine Söhne, und Danielle arbeitet halbtags, so dass sie noch genügend Zeit für die junge Familie hat. Inzwischen ist es schwieriger für sie geworden, etwas zur Seite zu legen, da das verfügbare Geld kaum für die monatlichen Ausgaben reicht. Trotzdem haben Michael und Danielle einen kleinen Sparplan aufgestellt. Dafür werden monatlich 30 Euro von ihrem Girokonto abgebucht und in einen Investmentfonds einbezahlt. Viele ihrer Freunde haben keinen Sparvertrag, weil sie glauben, es sich in ihrer augenblicklichen Lebenssituation nicht leisten zu können, größere Geldbeträge abzuzweigen, und sparen daher überhaupt nichts. Aber Michael und Danielle glauben, die 30 Euro oder einen Euro pro Tag kann man sogar mit einem kleinen Einkommen und hohen Ausgaben, wie es bei ihnen momentan der Fall ist, aufbringen. Sie gehen davon aus, dass sich ihre Einkommenssituation verbessern wird, sobald die Jungen in der Schule sind und Danielle ganztags arbeiten kann. Und wenn ihr Einkommen steigt, wollen sie auch den monatlichen Sparbetrag aufstocken.

Robert, ein Finanzberater, hat für Michael und Danielle zwei Varianten ausgearbeitet (siehe Seite 192f). Die erste (Tabelle A) zeigt, dass sie bei gleich bleibendem Sparbetrag nach 20 Jahren 7200 Euro einbezahlt haben und bei einer jährlichen Verzinsung von 7 Prozent ein Guthaben von 15318 Euro entsteht. Aber man kann davon ausgehen, dass dieses Paar den monatlichen Sparbetrag später erhöhen wird. Roberts zweite Tabelle (Tabelle B) zeigt, dass eine etwas höhere Sparrate von 50 Euro (weniger als zwei Euro pro Tag) und gleicher Verzinsung in 20 Jahren einen Sparbetrag von 12000 Euro ergibt und sich inklusive Zinsen auf 25530 Euro summiert.

Robert sagte zu Michael und Danielle, »Aufschieben kostet euch bares Geld«, und in seinem Beruf sieht er täglich Beispiele dafür. Nehmen wir einmal an, ein Paar zögert fünf Jahre lang, mit einer Sparrate von 30 Euro monatlich einzusteigen. Wenn alle anderen Faktoren gleich bleiben, stehen nach 15 Jahren 9389 Euro (siehe Tabelle A) zur Verfügung, bei Michael und Danielle sind es nach 20 Jahren 15318 Euro. Tatsächlich einbezahlt wurden nur 1800 Euro weniger, aber die ausbezahlte Summe beträgt fast 6000 Euro weniger. Schiebt man es also fünf Jahre lang hinaus, einen Euro täglich zu sparen, ergibt das bei einer Verzinsung von 7 Prozent einen Verlust von knapp 6000 Euro. Aufschieben kann also teuer kommen.

Wenn Sie sich dazu entschieden haben, nach einem bestimmten Sparplan vorzugehen, und einen Betrag festgelegt haben, den Sie regelmäßig zur Seite legen wollen, werden Sie feststellen, wie einfach das zu realisieren ist. Sie können jeden Monat automatisch einen bestimmten Betrag per Dauerauftrag von Ihrem Girokonto abbuchen und einem Sparkonto gutschreiben lassen. Und es gibt noch viele andere Möglichkeiten, sein Geld für sich arbeiten zu lassen. Sie werden überrascht sein, wie sich kleine, aber *regelmäßig* gesparte Beträge zu einem Vermögen entwickeln können.

Aufschieben in finanziellen Dingen kann vielerlei Formen annehmen. Dieses Kapitel soll keine Anlageberatung sein, sondern zeigt ganz einfach auf, wie Sie die Kontrolle über Ihre Finanzen erlangen und sich den Wunsch nach finanzieller Sicherheit erfüllen können, wenn Sie grundsätzlich mit dem Aufschieben Schluss machen.

Tabelle A: Entwicklung der Spareinlagen bei einer monatlichen Sparrate von 30 Euro und einer Laufzeit von 20 Jahren

Angenommener Zinssatz bei einer monatlichen Sparrate von 30 Euro und einer Laufzeit von 20 Jahren: 7 Prozent per annum

Jahr	jährlicher Aufwand*	Zinsertrag	Guthaben
1	360,00	14,00	374,00
2	360,00	40,00	773,00
3	360,00	68,00	1201,00
4	360,00	98,00	1659,00
5	360,00	130,00	2149,00
6	360,00	164,00	2673,00
7	360,00	201,00	3234,00
8	360,00	240,00	3834,00
9	360,00	282,00	4476,00
10	360,00	327,00	5163,00
11	360,00	375,00	5898,00
12	360,00	426,00	6684,00
13	360,00	482,00	7526,00
14	360,00	540,00	8426,00
15	360,00	603,00	9389,00
16	360,00	671,00	10420,00
17	360,00	743,00	11523,00
18	360,00	820,00	12704,00
19	360,00	903,00	13967,00
20	360,00	991,00	15318,00
gesamt	7200,00	8118,00	15318,00

*) Eventuell anfallende Provisionen und Gebühren sind noch abzuziehen.

Hier handelt es sich um ein allgemeines Beispiel. Einen auf Sie persönlich zugeschnittenen Spar- oder Investmentplan erhalten Sie vom Kundenberater Ihrer Bank oder einem Finanzberater.

Tabelle B: Entwicklung der Spareinlagen bei einer monatlichen Sparrate von 50 Euro und einer Laufzeit von 20 Jahren

Angenommener Zinssatz bei einer monatlichen Sparrate von 50 Euro und einer Laufzeit von 20 Jahren: 7 Prozent per annum

Jahr	jährlicher Aufwand*	Zinsertrag	Guthaben
1	600,00	23,00	623,00
2	600,00	66,00	1289,00
3	600,00	113,00	2002,00
4	600,00	163,00	2765,00
5	600,00	216,00	3581,00
6	600,00	273,00	4455,00
7	600,00	335,00	5389,00
8	600,00	400,00	6389,00
9	600,00	470,00	7459,00
10	600,00	545,00	8604,00
11	600,00	625,00	9829,00
12	600,00	711,00	11140,00
13	600,00	803,00	12543,00
14	600,00	901,00	14043,00
15	600,00	1006,00	15649,00
16	600,00	1118,00	17367,00
17	600,00	1238,00	19206,00
18	600,00	1367,00	21173,00
19	600,00	1505,00	23278,00
20	600,00	1652,00	25530,00
gesamt	12000,00	13530,00	25530,00

*) Eventuell anfallende Provisionen und Gebühren sind noch abzuziehen.

Hier handelt es sich um ein allgemeines Beispiel. Einen auf Sie persönlich zugeschnittenen Spar- oder Investmentplan erhalten Sie vom Kundenberater Ihrer Bank oder einem Finanzberater.

LEBENSWEISHEITEN

Am sichersten verdoppelt man sein Geld, wenn man es einmal faltet und in die Tasche steckt.
Kim Hubbard

Manche Schulden macht man mit Spaß,
aber alle Schulden tilgt man ohne Spaß.
Ogden Nash

Schulden sind die schlimmste Art von Armut.
Thomas Fuller

Motivation ist, wenn sich unsere Träume Arbeitskleidung anziehen.
Hal Roach

Wie anders ist unser Leben, wenn wir wirklich wissen, was für uns tiefe Bedeutung besitzt, und wir uns mit diesem Bild vor Augen jeden Tag darauf besinnen, das zu sein und zu tun, was uns tatsächlich am meisten bedeutet.
Stephen R. Covey

Die Reue über das, was wir GETAN haben, legt sich mit der Zeit,
doch die Reue über das, was wir NICHT getan haben, bleibt für immer bestehen.
Sydney J. Harris

Ein Mann mit Schulden ist auch heute noch ein Sklave.
Ralph Waldo Emerson

Gib nie Geld aus, das du noch nicht hast.
Thomas Jefferson

Hast du erst einmal eine Entscheidung getroffen, vereint sich das Universum, um sie in die Tat umzusetzen.
Ralph Waldo Emerson

FLEISSAUFGABEN

1. Schieben Sie manche finanzielle Angelegenheiten vor sich her? Wenn ja, welche?

___

___

___

2. Sind Sie mit Ihren Schulden glücklich? Möchten Sie an der Situation etwas ändern?

___

___

___

3. Sind Sie mit Ihrem Sparverhalten zufrieden? Möchten Sie daran etwas ändern?

___

___

4. Welche finanziellen Ziele möchten Sie dieses Jahre erreichen?

___

___

___

5. Welche finanziellen Ziele möchten Sie in fünf Jahren erreichen?

___

___

___

6. Brauchen Sie einen Finanzberater, um die Antworten formulieren zu können?

___

___

___

10

Träume wahr machen

Wir schieben unzählige Dinge auf, im Großen wie im Kleinen, egal ob Hausarbeiten, Geschenke, Beziehungen, Anrufe, Termine, den Beitritt zu einer Organisation oder den Austritt, doch am meisten (und das ist besonders traurig!) schieben wir unsere Träume auf.

Irgendwo in einer geheimen Ecke unseres Herzens halten wir das Abitur, den Musikunterricht, die Geschäftsidee, den Berg, den wir erklimmen, oder das Buch, das wir schreiben möchten, unter Verschluss. Das sparen wir uns auf, bis … ja, bis wann? Wenn Sie Ihre Träume wahr machen, fängt eine schier unversiegbare Quelle an Energie und Enthusiasmus zu sprudeln an. Wenn Sie Ihre Träume nicht wahr machen, stimmt Sie das traurig und stellt Sie immer wieder vor die Frage, »was wäre wenn«. John Greenleaf Whittier drückte es so aus:

Unter all den traurigen Worten
aus jemandes Mund oder Feder
sind die traurigsten:
Es hätte sein können.

Barbara, die mit älteren Menschen arbeitet, sagt, meist würden die Menschen im Herbst des Lebens nicht das bedauern, was sie getan haben, egal wie dumm oder verrückt es war, sondern das, was sie nie versucht haben, die Träume, denen sie nie gefolgt sind.

Wenn Sie sich also auf die Reise begeben, mit der Sie dem Aufschieben ein Ende machen, werden Sie feststellen, dass sich auf einmal viele kleine Erfolge einstellen. Genießen Sie das. Seien Sie stolz darauf. Und nehmen Sie den Erfolg als Motivation, Ihr Leben genauer unter die Lupe zu nehmen. Wenn Menschen eine Bilanz ihres Lebens ziehen und dabei auf eine große Leere treffen, hängt das oft damit zusammen, dass sie es immer wieder aufgeschoben haben, die Richtung festzulegen, in die sich ihr Leben bewegen soll. Sie verzetteln sich in der täglichen Routine und versäumen es, Zeit für Vergnügungen, Spaß, Beziehungen und künftige Ziele zu reservieren. Sie haben den Kontakt zu ihren Träumen verloren.

Was ist Ihnen besonders wichtig? Wenn Sie Ihre Lebensziele festlegen, nehmen Sie sich vorher einen Moment Zeit, um in sich hineinzuhören, was ein »Lebensziel« für Sie bedeuten kann:

- Leben Sie in einer Ehe, in einer Familie oder als Single, wie Sie es sich vorgestellt haben? Das ist ein Lebensziel.
- Verbringen Sie Ihre Arbeitszeit oder Ihre Freizeit nach Ihren Wünschen? Das ist ein Lebensziel.
- Erziehen Sie Ihre Kinder zu mehr oder weniger zivilisierten, gesellschaftstauglichen Zeitgenossen? Das ist ein *echtes* Lebensziel.
- Besitzen Sie die Fähigkeiten oder Qualifikationen, die Sie sich immer gewünscht haben, oder arbeiten Sie noch daran, sie sich anzueignen? Das ist ein Lebensziel.
- Haben Sie Freunde oder eine Familie, die Ihnen etwas bedeuten? Dann sind Sie gut dran. Und das ist ebenfalls ein Lebensziel.
- Haben Sie eine Scheidung, den Tod eines geliebten Menschen, eine Krankheit, einen finanziellen Rückschlag oder den Verlust

des Arbeitsplatzes ohne seelische Schäden oder Verlust der Selbstachtung überwunden? Auch das ist ein Lebensziel.

Welche Richtung soll Ihr Leben einschlagen?

Während wir uns mit rasender Geschwindigkeit durch das Leben bewegen, immer hart am Limit, müssen wir innehalten und:

- unsere Werte überdenken,
- Kontakt zu anderen Menschen aufbauen,
- festlegen, welche Richtung wir unserem Leben geben und wofür wir Zeit, Geld und Energie einsetzen wollen,
- auf uns selbst achten und unsere Batterien aufladen,
- uns einen Plan überlegen,
- Zeit zur Besinnung finden,
- Platz für die Liebe in unserem Leben schaffen.

Noah, der einmal an einem meiner Seminare für College-Studenten teilnahm, erzählte der Gruppe folgende Geschichte, die sehr gut veranschaulicht, wie wichtig es ist, zwischendurch innezuhalten, eine Bestandsaufnahme zu machen und den Pfad festzulegen, den wir im Leben beschreiten wollen. Als Noah einen Sommer als Cowboy auf einer Ferienranch verbrachte, entdeckte er in einem Pinienwald einen verwilderten Pfad und berichtete einer Reitergruppe davon. Alle waren begeistert und wollten auf dem Pfad reiten. Noah ritt voraus, um sich zu vergewissern, ob keine umgestürzten Bäume und andere Hindernisse im Weg lagen. Als die Gruppe im leichten Galopp eine Wiese überquerte und auf einer Hügelkuppe angekommen war, sah sie von oben Noah den Waldrand auf und ab reiten und den Pfad suchen. Von dem erhöhten Aussichtspunkt aus war die lichte Stelle im Wald, an der der Pfad begann, gut zu erkennen, doch Noah befand sich zu nahe daran und verfehlte ihn immer nur knapp.

Wie Noah sind viele Menschen pausenlos so beschäftigt, dass sie sich nicht die Zeit nehmen, innezuhalten und zu planen. Aber gerade in überlasteten Lebensphasen muss man sich Zeit nehmen, Atem zu holen und ein wenig auf *Distanz* zu gehen, so dass man den Weg erkennen kann.

Fällt Ihnen beim Durchsehen der Liste mit den 101 Dingen, die Sie schon seit längerem aufschieben, auch auf, dass Sie das Leben aufschieben? Nehmen Sie sich Zeit für Beziehungen, Hoffnungen, Träume? Nehmen Sie sich Zeit für Vergnügungen, zum Entspannen und für angenehme Dinge?

Mein Lieblingskomiker, Hal Roach, beendet seine Auftritte oft mit den Worten: »Lebe jeden Tag, als wäre es dein letzter … und du wirst eines Tages richtig liegen!« Verläuft Ihr Leben so rasant und hektisch, dass Sie keine Freude daran haben? Wo wollen Sie eigentlich so schnell hin? Wofür setzen Sie sich so sehr ein? Wann wird es besser werden? Wann werden Sie Ihr Leben endlich genießen?

Instandhaltung oder Bereicherung?

Jede Erledigungsliste, die Sie anfertigen, hilft Ihnen, Ihre Vorhaben zu planen. Und das wiederum hilft Ihnen, Ihre Zeit besser zu nutzen, was letzten Endes die Richtung bestimmt, die Ihr Leben einschlägt. Die Punkte auf Ihrer Erledigungsliste lassen sich im Grunde in zwei Kategorien unterteilen: Instandhaltung und Bereicherung.

Der *Instandhaltung* dienen jene Arbeiten, die notwendig sind, um Ihr Leben rund laufen zu lassen. Viele dieser Arbeiten sind täglich, wöchentlich oder monatlich zu wiederholen: Kochen, Putzen, Rasen mähen, Rechnungen bezahlen, Wäsche waschen.

Eine *Bereicherung* stellen jene Aktivitäten dar, die man, egal ob kurz- oder langfristig, freiwillig ausführt und nicht, weil man es »sollte«. Ich mag das Wort *Bereicherung*. Man spürt in der Regel, wann man etwas Bereicherndes getan hat, weil es das Leben eben reicher macht. Ein gutes Buch lesen, Freunde besuchen, Jonglieren lernen, eine Reise machen, in ein Konzert oder ins Theater gehen, ein schönes Glas Wein trinken, durch den Botanischen Garten schlendern, das Haus umgestalten. Die meisten Dinge, die der Bereicherung dienen, machen Sie glücklich und sorgen dafür, dass Sie das Leben genießen. Sie fühlen sich angenehm zufrieden. Sie haben Energie getankt.

Ich höre Sie schon sagen: »Aber ich habe so viele Instandhaltungsarbeiten zu erledigen, dass nie Zeit für die bereichernden Dinge bleibt, die ich tun möchte.«

Aber die Aussage, »ich habe keine Zeit«, ist nur eine von vielen Rechtfertigungen des Aufschiebens. Wenn Sie Ihre ganze Zeit für Instandhaltung aufbrauchen und für Bereicherungen keine mehr bleibt, ist das ein Anzeichen dafür, dass Sie dringend Ihre Prioritäten neu setzen und Ihre Art zu denken und zu planen ändern müssen. Ja, je hektischer Arbeit und Verantwortung Ihr Leben werden lassen, umso dringender müssen Sie Zeit für Bereicherungen zulassen.

Genau dann, wenn Sie sich überfordert fühlen oder so ausgebrannt, dass Sie für nichts mehr Energie aufbringen, ist es an der Zeit, einen Freund oder eine Freundin zu besuchen, eine Fahrradtour zu machen, Angeln zu gehen, zu meditieren, ins Museum zu gehen oder einen Spaziergang zu machen.

Und wie macht man das? Der Trick dabei ist, die schönen Dinge, die man tun *möchte*, zwischen die wichtigen Dinge zu packen, die man tun *muss*.

Sind Sie erschöpft oder gelangweilt?

Ich habe schon oft von kerngesunden Menschen gehört, sie seien zu erschöpft, um irgendetwas zu tun. Ich fragte sie, ob es auch sein könnte, dass sie gelangweilt sind. Auf diese Frage streckte mir einmal eine Frau eine lange Liste mit Arbeiten entgegen, die sie zu erledigen hatte, und sagte: »Gelangweilt! Wie sollte ich gelangweilt sein? Ich springe den ganzen Tag im Dreieck.«

Daraufhin fragte ich sie, ob auf der Liste auch irgendetwas stehe, das ihr Spaß macht. Die Antwort war nein. Sie war mit Erledigungen, Hausarbeiten und stumpfsinnigen Aufgaben bis oben hin eingedeckt. Sie hatte mehr als genug zu tun und war dennoch gelangweilt.

Wenn Sie feststellen müssen, dass Tage, Wochen oder Monate vergangen sind, in denen Sie nichts vollbracht haben, wovon Sie selbst begeistert sind, führt das sehr wahrscheinlich dazu, dass Sie gelangweilt sind. Und Langeweile ist nicht nur deprimierend, sondern auch deutlich anstrengender, als einen tiefen Graben auszuheben.

Trifft das auf Sie zu, ist es höchste Zeit, in die Erledigungsliste ein Hobby, eine Fertigkeit, einen Sport, Musikunterricht, einen Ausflug in die Natur, ein Treffen mit Freunden, irgendetwas anderes, das Ihr Leben bereichert und Ihnen dadurch ganz nebenbei auch noch neue Energie gibt, aufzunehmen. Um mit den Worten von Dr. Norman Vincent Peale zu sprechen: »Begeisterung schafft neue Energie.«

So denken Sie zum Beispiel oft, dass Sie gerne wieder einmal alte Freunde treffen, mehr Zeit mit der Familie oder anderen Menschen verbringen möchten, doch es ergibt sich einfach nicht. Die Lösung liegt im Ratschlag von Mark Victor Hansen: »Denke es nicht, tu es!« Halten Sie auf Ihrer Erledigungsliste ganz konkret schriftlich fest, wie Sie mit Menschen, die Ihnen wichtig sind, Kontakt halten:

- Su Lin ein paar Zeilen schreiben,
- Joseph anrufen,
- Frühstück mit Laurieann verabreden.

Wenn Sie die richtigen Prioritäten setzen und entsprechend handeln, bringen Sie mehr Freude in Ihr Leben, in dem es bisher zu viele langweilige Pflichten gab, und finden neue Energie. Dann können Sie sich mit mehr Lebensfreude, aber auch mit mehr Hingabe, Fürsorge und Bereitschaft wieder den Alltagsarbeiten zuwenden.

Es gibt eine Zeit, sich den Instandhaltungsaufgaben zu widmen, und eine Zeit, sie zur Seite zu legen. Halten Sie sich vor Augen, dass schon eine neue Liste mit noch mehr Arbeiten wartet, sobald Sie mit der einen fertig sind. Aber es gibt nicht immer ein neues Morgen, um gemeinsam mit Familie und Freunden eine schöne Zeit zu verbringen, also sparen Sie sich gemeinsame Erlebnisse nicht für später auf.

Wie Sie Zeit für Ihren Traum finden

Nach Durchsicht der Instandhaltungs- und Bereicherungsposten auf Ihrer Liste und nach neuer Festlegung der Prioritäten stellen Sie vielleicht immer noch fest: »Ich habe keine Zeit für die Erfüllung meines Traumes!«

Vielleicht stimmt das wirklich. Vielleicht ist aber einfach noch nicht der richtige Zeitpunkt gekommen, diesen Traum zu realisieren. Aber vielleicht, nur vielleicht, könnten Sie sogar etwas Zeit dafür finden, wenn Sie wirklich dazu entschlossen sind. Anthony

Robbins, einer meiner Lieblingsautoren und –redner, sagt: »Ihr Schicksal nimmt in dem Moment Gestalt an, in dem Sie eine Entscheidung treffen.«

Wenn Sie sich entscheiden, Ihren Traum zu verfolgen, werden Sie sehr wahrscheinlich auch die Zeit dazu finden. Ein Traum gehört aber nicht zu der Sorte an Dingen, die man auf eine Liste mit dem Titel »Was ich heute erledigen muss« setzen kann. Die Realisierung von Träumen setzt gewöhnlich unterschiedlichste Aktivitäten voraus: genau erkunden, lernen, sammeln, planen, in die Wege leiten, ausführen. Stellen Sie sich als Erstes folgende Fragen:

1. Kann ich meinen Traum in kleinere Teilbereiche zerlegen?
2. Kann ich für einen dieser Teilbereiche Zeit abzweigen?

Aufgaben, von denen wir uns überfordert fühlen, haben wir bereits in Kapitel 6 besprochen. Auch Träume können uns überfordern, doch wenn Sie anfangen, eine Liste aller kleinen Schritte anzulegen, die dazu gehören, werden Sie feststellen, dass zum momentanen Zeitpunkt mindestens eine Aufgabe realisierbar ist. Kathy, junge Mutter von drei Kindern im Vorschulalter, war klar, dass sie nicht mit voller Kraft studieren und gleichzeitig ihrer Familie gerecht werden konnte. Also setzte sie sich als Ziel, jedes Semester nur ein Seminar zu belegen. Als das jüngste Kind in die Schule kam, hatte Kathy bereits zwei Studienjahre abgedeckt.

Vielleicht haben Sie momentan wirklich keine Zeit für Klavierstunden, aber Sie könnten sich schon einmal nach einem Klavier umsehen oder Ihr altes stimmen lassen und einen guten Klavierlehrer ausfindig machen.

Vielleicht haben Sie momentan wirklich nicht die Zeit, ein Buch zu schreiben, aber Sie könnten zumindest so viel Zeit aufbringen, um einen Kurs für Autoren zu belegen, einen Computerkurs zu machen oder Veröffentlichungsmöglichkeiten zu prüfen.

Überprüfen Sie Ihren Traum. Schreiben Sie eine Liste der kleinen Schritte, die nötig sind, um Bewegung in die Sache zu bringen. Überlegen Sie sich dann, wie Sie mehr Zeit aufbringen können, um den Traum Wirklichkeit werden zu lassen.

Nutzen Sie Ihre Freizeit sinnvoll

Denken Sie kritisch darüber nach, wofür Ihre Freizeit draufgeht, insbesondere die Zeit zum Entspannen und Abschalten, dazu gehört auch der Schlaf. Natürlich muss jeder Mensch schlafen. Nach Aussage der meisten Ärzte braucht ein Erwachsener im Durchschnitt sieben bis acht Stunden Schlaf pro Nacht, wobei Abweichungen möglich sind. Wie viele Stunden schlafen Sie? Schlafen Sie manchmal nicht aus Müdigkeit, sondern aus Langeweile?

Wie viel Zeit verbringen Sie vor dem Fernseher? Wenn Sie jeden Abend 3,5 Stunden fernsehen, sind das 24,5 Stunden pro Woche und 105 Stunden im Monat.

Ich höre schon das Argument: »Einen Moment bitte. Ich arbeite schließlich hart! Steht es mir dann nicht zu, mich gelegentlich zu entspannen?« Selbstverständlich steht Ihnen das zu.

Neben den Techniken gegen das Aufschieben und für besseres Zeitmanagement vermittle ich auch Methoden zur Stressbewältigung. Und in dieser hochgradig gestressten Welt bedeutet Entspannung die unentbehrliche Grundlage für geistige und körperliche Gesundheit. Doch werfen Sie auf der Suche nach Zeit, die Sie Ihrem Traum widmen können, einen kritischen Blick darauf, wie viel Zeit Sie jeden Monat zum Abschalten verwenden, und fragen Sie sich: »Brauche ich wirklich jeden Monat 105 Stunden zum Entspannen?«

Damit will ich keinesfalls dafür plädieren, dass Sie auf jegliche Entspannung verzichten sollten, doch wenn Sie die Zeit betrachten, die Sie mit Abschalten verbringen, können Sie möglicherweise ein paar Stunden pro Woche nutzen, um Ihrem Traum etwas näher zu kommen.

Nutzen Sie Fahrzeiten

Pendler, die jeden Tag ein, zwei Stunden im Bus oder Zug sitzen, können diese Zeit konstruktiv nutzen. Der Schriftsteller Scott Turow, praktizierender Anwalt mit einem enormen Tagespensum, verfasste *»Aus Mangel an Beweisen«* und einige weitere Bestsellerromane im Zug, auf dem Weg ins Büro. Wenn Sie eine halbe Stunde von Ihrem Arbeitsplatz entfernt wohnen, ist das eine Fahrzeit von einer Stunde am Tag oder 20 Stunden im Monat.

Fahren Sie mit dem Auto zur Arbeit, kann Sie ein Kassettenrekorder oder ein CD-Player Ihrem Traum ein ganzes Stück näher bringen. Benutzen Sie ein in das Armaturenbrett eingebautes Gerät oder ein tragbares, das auf dem Beifahrersitz steht und über den Zigarettenanzünder betrieben wird. Wenn Sie mit dem Bus oder Zug pendeln, verwenden Sie ein batteriebetriebenes Gerät mit Kopfhörern. Jeden Monat Kassetten oder CDs mit einer Laufzeit von 20 Stunden zu kaufen kann ein teures Vergnügen werden. Die beste Quelle für kostenloses Hörmaterial ist die nächstgelegene Bücherei. Gibt es in Ihrer Bücherei nichts, was Ihnen gefällt, können Sie Titel von einer anderen Bücherei anfordern. Am besten erkundigen Sie sich beim zuständigen Bibliothekar.

Hier sind drei Beispiele, wie man mit Hilfe von Kassetten oder CDs die Fahrzeiten sinnvoll nutzen kann:

Cassidy, Vice President in einem Unternehmen, plante einen Urlaub in Deutschland. Sechs Monate vor der Reise kaufte sie sich einen Satz CDs mit einem Deutschkurs, den sie im Auto anhören konnte. Nach ihren Erzählungen musste sie jede CD immer und immer wieder anhören, bevor sie zur nächsten übergehen konnte, doch bis zum Reiseantritt hatte sie sich brauchbare Grundkenntnisse in der Sprache angeeignet.

Die Kellnerin Joyce, die ihren Beruf hasst, hat angefangen, nebenbei bei privaten Verkaufspartys bestimmte Produkte zu verkaufen und hofft, dass früher oder später ein Fulltime-Job daraus wird. Sie leiht sich in der Bücherei Marketing-, Verkaufstrainings- und Motivationskassetten aus und hört sie mit Kopfhörern während der Busfahrt zur Arbeit an. Die Umsätze, die sie auf den Verkaufspartys erzielt, steigen sprunghaft an, und Joyce hat die Hörzeiten während der langen Busfahrt inzwischen lieben gelernt. Zum Jahresende will sie ihre Arbeit kündigen und die Nebenbeschäftigung zu ihrer Haupttätigkeit ausbauen.

Jason hatte immer davon geträumt, einen Selbstbausatz für ein Haus zu kaufen, es selbst aufzustellen und dann weiterzuverkaufen. Das Haus hatte er schon gekauft, doch dann ließ er fünf Jahre verstreichen, bevor er sich daran machte, mit dem Aufbau zu beginnen. Nun hört er sich auf dem dreiviertelstündigen Weg von und zur Arbeit Motivationskassetten für »positives Denken« an. Er beteuert, dass er dadurch allmählich die richtige Einstellung findet und sich angespornt fühlt, oft abends nach der Arbeit noch ein paar Stunden an seinem Haus zu arbeiten.

> Lassen Sie Fahrzeiten nie ungenutzt verstreichen. Finden Sie eine Möglichkeit, diese Zeit für sich arbeiten zu lassen.
> *Ted Schwarz, Time Management for Writers*

Wollten Sie schon immer einige Klassiker der Weltliteratur lesen oder einfach nur einen Roman, der gerade in aller Munde ist? Viele davon gibt es inzwischen als Hörbücher.

Wollen Sie Ihr Zeitmanagement verbessern? Besser mit Stress umgehen lernen? Kreativer werden? Effektive Verhandlungsmethoden erlernen? Mehr Musik hören? Ein Verkaufstraining absolvieren? Etwas für Ihre spirituellen Bedürfnisse tun? Eine eigene Firma gründen? Eine fremde Kultur kennen lernen? Viele Büchereien bieten hervorragende Kassetten zu diesen und Dutzenden anderer Themen an.

Andere einweihen

Wenn Sie anfangen, das ewige Aufschieben für sich in den Griff zu bekommen, können Sie Ihre Techniken und Erfolgserlebnisse mit Freunden oder Familienmitgliedern teilen.

Als meine Freundin Julie mit drei Freunden auf Maultieren in den Grand Canyon ritt, sagte ihre Tochter Anna, damals im Teenager-Alter: »Oh Mann, von diesem Traum hast du gesprochen, seit ich ein kleines Kind war. Vielleicht werden meine Träume auch eines Tages wahr.« Unter all den Geschenken, die wir unseren Kindern mit ins Leben geben können, ist das ein ganz besonderes – der Glaube, dass Träume wahr werden können.

Manchmal werde ich um Rat gefragt, wie man andere dazu bringen kann, nicht mehr so viele Dinge aufzuschieben.

Für den Fall, dass Sie dieses Buch lesen, weil Sie den einen oder anderen notorischen Aufschieber in Ihrem Bekanntenkreis bekehren möchten, werden Sie damit kein Glück haben, es sei denn, die Betroffenen selbst wollen sich ändern. Vielleicht gelingt es Ihnen, einem Aufschieber einige Ideen aus diesem Buch zu vermitteln. Oder ihn zum Lesen des Buches zu animieren. Das Verständnis dafür, warum manche Menschen so vieles aufschieben, kann Ihnen helfen, mit den Aufschiebern in Ihrem Umkreis konstruktiver umzugehen, doch die Entscheidung, dem Aufschieben ein Ende zu machen, muss von den betroffenen Personen selbst ausgehen.

Gestalten Sie Ihr Leben nach Ihren Vorstellungen!

Selbst bei Menschen, die nichts aufschieben – den Anti-Aufschiebern –, gibt es insgeheim den Brief, den sie immer schon schreiben wollten, den Schrank, der aufgeräumt werden müsste. Niemand schafft alles, was er sich vornimmt, doch Anti-Aufschieber schaffen das, was ihnen wichtig ist.

Für Katie, leitende Angestellte in der Rechtsabteilung eines großen Unternehmens, ist der Unterschied zwischen einem Aufschieber und einem Anti-Aufschieber letzten Endes eine Frage der Kontrolle. Als sie noch zu den Aufschiebern gehörte, schien alles außer Kontrolle zu sein. Sie hatte keine Vorstellung, was sie jemals erreichen würde und was nicht. Katie erzählt, sie hatte

Angst, sich freiwillig für eine Aufgabe oder ein Komitee zu melden, weil sie stets befürchtete, die ihr übertragenen Aufgaben nicht rechtzeitig zu schaffen. Sie sah eine Deadline vor sich, und schon bekam sie Magenkrämpfe. Wenn sie wusste, sie hatte einen schwierigen Anruf zu erledigen, waren ihre Handflächen schweißnass.

Heute ist das Gefühl, nichts unter Kontrolle zu haben, verschwunden. »Mit den Dingen in meinem Leben, die nicht perfekt sind, kann ich leben«, sagt Katie. »Und die wirklich wichtigen Dinge werden erledigt, da setze ich schon die Prioritäten entsprechend. Vielleicht muss ich jede Technik, jeden Trick aus dem Buch (diesem Buch natürlich!) anwenden, aber ich weiß, das wirklich Notwendige schaffe ich auch.«

Sie können genau wie Katie dem Aufschieben ein Ende machen und sich ein Gefühl der Kontrolle über Ihr Leben verschaffen. Das Resultat ist wohltuendes Selbstvertrauen. Und je mehr Sie sich als Anti-Aufschieber zutrauen, umso größere Projekte werden Sie bewältigen, wie zum Beispiel abnehmen, mit dem Rauchen aufhören, keine Drogen oder keinen Alkohol mehr konsumieren, nicht mehr spielen oder andere negative Situationen in Ihrem Leben bewältigen. Jeder Erfolg führt zu noch mehr Erfolg, kleine Siege führen zu größeren.

Zugegeben, auch wenn Sie mit dem Aufschieben Schluss machen, werden Sie nicht immer über den Dingen stehen. Wie in jedem anderen Lebensbereich wird es auch hier Höhen und Tiefen geben. Wer daran arbeitet, positiv zu denken oder seine spirituelle Seite zu stärken, sein Selbstwertgefühl zu steigern oder was auch immer, erlebt Tage, an denen er das Gefühl hat, einen großen Schritt nach vorne geschafft und sein Ziel erreicht zu haben, aber auch Tage mit Rückschlägen und dem Gefühl des Versagens.

Es wird Tage geben, an denen Sie das Wort aufschieben gar nicht kennen, weil Sie so intensiv damit beschäftigt sind, Dinge zu erledigen. Und andere Tage, an denen Sie sagen: »Oh nein, ich fange schon wieder an aufzuschieben!«

Keine Panik. Lassen Sie sich nicht entmutigen. Wenn Sie das Gefühl haben, erneut Aufschiebetaktiken an sich festzustellen, haben Sie hier ein paar Anregungen, wie Sie wieder auf die richtige Bahn kommen. Wenn Sie diese Punkte lesen, fallen Ihnen vielleicht noch andere Tricks ein.

- Sprechen Sie als Erstes Ihre Sorge laut aus. Erzählen Sie jemandem: »Weißt du, ich habe mich zu einer effizienten und gut organisierten Person entwickelt, doch neuerdings falle ich wieder in meine alten Aufschiebestrategien zurück, und das hasse ich.« Beschreiben Sie, was Sie aufgeschoben haben, und entscheiden Sie dann, was Sie tun müssen, um die Sache zu erledigen.
- Blättern Sie dieses Buch durch, um Ihre »Batterien aufzuladen«. Bestimmte Stellen, die Sie markiert oder unterstrichen haben, geben Ihnen vielleicht den richtigen Anstoß.
- Versuchen Sie, eine Liste zu schreiben.
- Überlegen Sie sich eine Belohnung, die Sie motivieren könnte.
- Finden Sie heraus, ob Sie nur das Anfangen abschreckt.
- Arbeiten Sie eine Stunde lang an dieser Aufgabe, stellen Sie sich dafür den Kurzzeitwecker.
- Schreiben Sie sich eine motivierende Botschaft auf einen Zettel und hängen Sie diesen an den Kühlschrank oder stecken ihn in den Geldbeutel, etwa: »Mach es fertig!« oder »Es muss nicht perfekt sein, ausgezeichnet reicht auch!«
- Erforschen Sie mögliche Ängste, die Sie vielleicht von der Arbeit abhalten.
- Teilen Sie die Arbeit in kleinere Einheiten auf.
- Überlegen Sie, wie Sie die Arbeit angenehmer gestalten können, etwa indem Sie dabei Musik hören, im Freien arbeiten oder gemeinsam mit einem Freund oder einer Freundin.

- Führen Sie positive Selbstgespräche, lassen Sie keine Ausreden zu und legen Sie sich keine Selbstbeschränkungen auf.

Und am wichtigsten: Seien Sie nicht zu streng mit sich. Wenn Sie vom Weg abweichen, finden Sie schon wieder zurück. Eine der größten Veränderungen, die ich als ehemalige Aufschieberin erlebe, besteht darin, dass ich nicht mehr warte, bis der Stress vorüber ist, der Termindruck nachlässt oder eine kritische Situation überstanden ist, um endlich glücklich sein zu können. Ich verschiebe das Glücklichsein nicht mehr auf später und genieße das Leben jeden Augenblick in vollen Zügen. Und Sie können das auch.

Sie können dem ewigen Aufschieben eine Ende machen. Denken Sie immer an die Emmett-Regel: Die Angst vor einer Aufgabe nimmt mehr Zeit und Energie in Anspruch als die Aufgabe selbst. Also packen Sie es an und gestalten Sie Ihr Leben so, wie Sie es sich wünschen. Und Sie verdienen ein wunderbares Leben!

ZUM NACHDENKEN

Drei Dinge gehören zu einem glücklichen Leben:
etwas zu tun,
etwas, das man liebt,
und etwas, worauf man hofft.
Joseph Addison

Für manche von uns sind schon breite Straßen gebaut, wenn das auf Sie zutrifft, GEHEN SIE LOS. Wenn nicht, nehmen Sie eine Schaufel und bauen Sie eine.
Amelia Earhart

Denn ich weiß wohl, was ich für Gedanken über euch habe, spricht der Herr: Gedanken des Friedens und nicht des Leidens, dass ich euch gebe Zukunft und Hoffnung.
Jeremia, 29,11

Ziele sind Träume mit einer Deadline.
Dottie Walters

Was du bist, ist Gottes Geschenk an dich.
Was du aus dir machst,
ist dein Geschenk an Gott.
Verfasser unbekannt

Wenn einer sich voll Vertrauen auf seine eigenen Träume zubewegt und sich bemüht, das Leben zu führen, von dem er träumt, wird er so großen Erfolg haben, wie er ihn sich heute nicht vorstellen kann.
Henry David Thoreau

Wenn du immer wieder über deiner Arbeit die Zeit vergisst, kannst du ziemlich sicher sein, dass du in deinem Leben die richtige Bahn eingeschlagen hast.
Verfasser unbekannt

Wir schaffen mehr in weniger Zeit, doch wo bleiben die reichen Freundschaften, der innere Frieden, das Gleichgewicht, das Vertrauen, das zu tun, was wichtig ist, und es gut zu tun?
Stephen R. Covey, A. Roger Merrill und Rebecca R. Merrill, Der Weg zum Wesentlichen. Zeitmanagement der vierten Generation

FLEISSAUFGABEN

(Zwei Fragen, die Sie zum Nachdenken anregen sollen.)

1. Welchen Beitrag wollen Sie für die Welt leisten?
2. Auf welche Weise können Sie durch Ihr Leben die Welt zu einem besseren Ort machen?

Zähle deine Jahre nach Sternen, nicht nach Schatten
Zähle deine Tage nach Lächeln, nicht nach Tränen
und an jedem Geburtstagmorgen
zähle dein Alter nach Freunden, nicht nach Jahren.
Verfasser unbekannt

Danksagung

Viele Menschen haben mir geholfen und Mut gemacht, dieses Buch in die vorliegende Form zu bringen, und ihnen allen schulde ich großen Dank. Sollte ich jemanden vergessen haben, bitte ich um Entschuldigung für meine Zerstreutheit. Das Gedächtnis schwindet als Zweites … was das Erste ist, weiß ich nicht mehr.

Für ihre wertvolle Unterstützung bedanke ich mich bei Julie Hurlbut, die von Anfang an dabei war, sowie bei Robb Emmett, Ruth Coleman, Georgia Impastato, Patty Dorney, Jack Finney und Pat Connelley.

Es ist nicht einfach, Leute dazu zu bringen, ein gerade erst entstehendes Buch zu lesen *und* ihre Meinung dazu abzugeben. Von Herzen danke ich meiner geschätzten Nichte Mickey Forster und meiner guten Freundin Kathy Hartwig, die vom Anfang bis zum Ende dabei waren, und allen anderen großartigen Lesern, Michelle Emmett, Tom Dorney, Curt Hansen, Julie Seely, Cec Hanec, Stephen McShane, Tiffany Marshall und Joanna Slan.

Als PCs mich in den Wahnsinn zu treiben drohten, eilten vier wundervolle Computergurus zu meiner Rettung herbei: Danke Mickey Forster (die mir wahrscheinlich mindestens einmal pro Woche aus der Patsche geholfen hat), Dolores Kalayta, Kym Karder und Bill Metcalf.

Für alle Zeiten dankbar bin ich den beiden Loretto-Schwestern, bei denen ich viel über das Schreiben gelernt habe, meinen Englischlehrerinnen auf der Highschool, Marie Bierer IBVM und Jeannette Shean IBVM, sowie Barb Glanz, Dottie Walters, Joel

Roberts, Mark Victor Hansen, Robert Jackway und Dan Poyntner für ihre Betreuung.

Größte Anerkennung geht an meine Agentin Jane Jordan Browne, die mir einmal einen großen Schrecken eingejagt hat und immer noch Regeln aufstellt, wann ich anderer Meinung sein darf als sie, und an meinen Redakteur J. Johnson, der mit einem Lächeln die Ecken und Kanten abgeschliffen hat.

Und die beste Hilfe überhaupt kam schließlich von meinem Ehemann Bruce. Er hat nicht ein Wort in diesem Buch gelesen – und wird es sehr wahrscheinlich auch niemals tun –, aber der Mann kauft Lebensmittel ein und kümmert sich um die Wäsche. Was will man mehr? (*Meine* Prioritäten sind ganz klar.)

Danke und Gott segne euch alle!

Register